Fredi Schenk

Präsentation

VERLAG:SKV

Rolf Bänziger
(Tabellenkalkulation)

ist Fachvorsteher für IKA an der Handelsschule KV Schaffhausen, Dozent für SIZ-Lehrgänge und Leiter der Höheren Fachschule für Wirtschaft Schaffhausen. Er ist Ehrenmitglied im Verband Lehrende IKA.

Carola Brawand-Willers
(Schriftliche Kommunikation/
Korrespondenz)

ist IKA-Lehrende und Referentin in Weiterbildungskursen an der Wirtschafts- und Kaderschule KV Bern. Sie ist Ehrenmitglied im Verband Lehrende IKA.

Stefan Fries
(Textverarbeitung/
Textgestaltung)

ist Fachvorsteher für IKA am Berufsbildungszentrum Wirtschaft, Informatik und Technik in Willisau sowie Kursleiter am Berufsbildungszentrum Weiterbildung Kanton Luzern. Er ist Präsident des Verbandes Lehrende IKA.

Michael McGarty
(Grundlagen der Informatik/
Outlook)

Informatiker und Telematiktechniker HF, ist Lehrer an der WirtschaftsSchule Thun, an den HSO Schulen Thun Bern AG und an der European Business School AG.

Max Sager
(Informationsmanagement
und Administration)

Betriebsökonom FH, ist Lehrer am Gymnasium und an der Handelsmittelschule Thun-Schadau. Er ist Ehrenpräsident des Verbandes Lehrende IKA.

Fredi Schenk
(Präsentation)

Bürofachlehrer, unterrichtete IKA an der WirtschaftsSchule Thun und war Kursleiter für IKA-Kurse am EHB.

Haben Sie Fragen, Anregungen oder Rückmeldungen?
Wir nehmen diese gerne per E-Mail an verlagskv@kvschweiz.ch oder Telefon 044 283 45 21 entgegen.

4. Auflage 2011
Nachdruck 2012

ISBN 978-3-286-33644-5

© Verlag SKV AG, Zürich
www.verlagskv.ch

Alle Rechte vorbehalten.
Ohne Genehmigung des Verlages ist es nicht gestattet, das Buch oder Teile daraus in irgendeiner Weise zu reproduzieren.

Lektorat: Katia Soland, Yvonne Vafi-Obrist
Umschlag: Agenturtschi, Adliswil

Modul 1 **IKA – Informationsmanagement und Administration**
behandelt das ganze Spektrum des Büroalltags: Outlook, die richtige Wahl und den Einsatz von technischen Hilfsmitteln, die Gestaltung von Arbeitsprozessen, ökologisches und ergonomisches Verhalten und den zweckmässigen und verantwortungsvollen Umgang mit Informationen und Daten.

Modul 2 **IKA – Grundlagen der Informatik**
vermittelt das nötige Grundwissen über Hardware, Software, Netzwerke und Datensicherung.

Modul 3 **IKA – Schriftliche Kommunikation und Korrespondenz**
führt in die Kunst des schriftlichen Verhandelns ein und zeigt, wie Brieftexte partnerbezogen, stilsicher und rechtlich einwandfrei verfasst werden.

Modul 4 **IKA – Präsentation**
vermittelt die wichtigsten Funktionen von PowerPoint und erklärt, wie Präsentationen geplant und gestalterisch einwandfrei erstellt werden.

Modul 5 **IKA – Tabellenkalkulation**
zeigt die wichtigsten Funktionen von Excel auf: Berechnungen, Diagramme, Daten- und Trendanalysen usw.

Modul 6 **IKA – Textverarbeitung und Textgestaltung**
stellt die vielfältigen Möglichkeiten des Textverarbeitungsprogramms Word dar und vermittelt die wichtigsten typografischen Grundregeln für Briefe und Schriftstücke aller Art.

Modul 7 **IKA – Gestaltung von Bildern**
vermittelt sowohl visuelle als auch rechtliche Aspekte hinsichtlich der Konzeption und des Einsatzes von Bildern und führt in die grundlegenden Funktionen gängiger Bildbearbeitungsprogramme ein.

IKA – CD-ROM für Lehrkräfte
enthält Lösungsvorschläge zu den Modulen, die Aufgabendateien sowie weitere Zusatzmaterialien für den Unterricht.

Unterrichten mit digitalen Inhalten

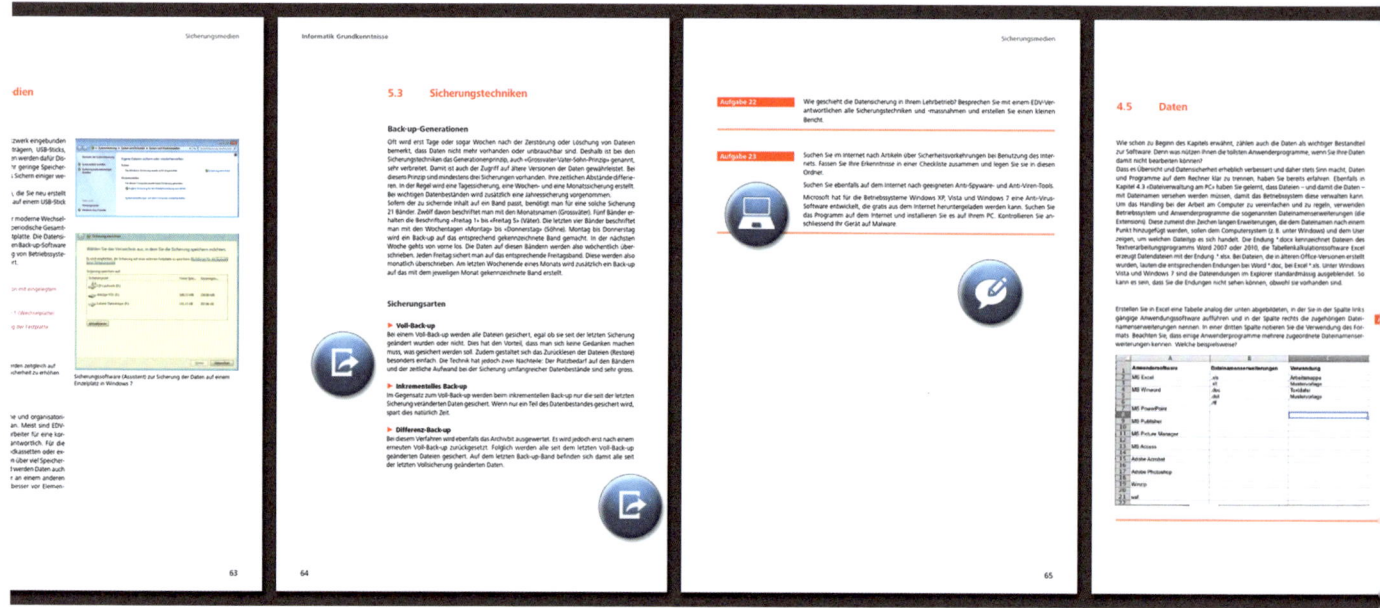

«Information, Kommunikation, Administration – IKA» ist auch als Enhanced Book erhältlich: In der digitalen Ausgabe ist das Lehrmittel speziell für den Unterricht mit digitalen Inhalten aufbereitet – natürlich Plattform unabhängig.

Bewusst orientieren sich die Enhanced Books an der Gestaltung der gedruckten Ausgabe. Jede Seite des Lehrmittels kann in der sogenannten Lightbox dargestellt werden. Textpassagen können gedruckt werden. Zusätzlich aufbereitete oder die gedruckte Ausgabe ergänzende Inhalte sind mit einem Icon gekennzeichnet.

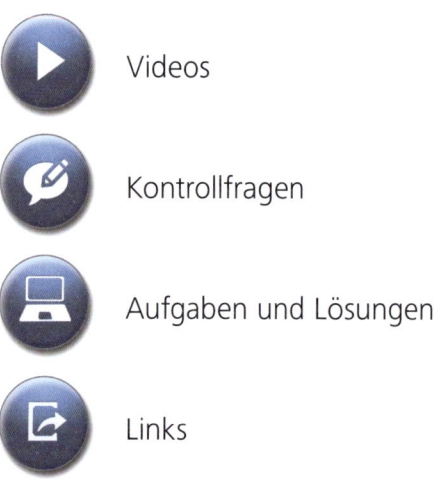

Videos

Kontrollfragen

Aufgaben und Lösungen

Links

Weitere Informationen
auf www.verlagskv.ch

Vorwort

Präsentieren bedeutet «vorzeigen», «erkennen lassen». Bei einer Präsentation besteht Ihre Aufgabe darin, Ihrem Publikum Ihre Ideen oder Sachverhalte vorzutragen. Sie wollen damit informieren, überzeugen und motivieren. Eine Präsentation ist ein wechselnder Prozess zwischen dem Präsentierenden und dem Publikum. Die gedanklichen Aktivitäten beider Seiten bestimmen das Ergebnis.

Mit einer Präsentation wollen Sie Einfluss auf das Denken und Handeln der Zuhörerinnen und Zuhörer nehmen. Es genügt also nicht, Ihre Gedanken einfach so auf eine Folie zu schreiben. Mit einer perfekten Präsentation gelingt es, Ihre Gedanken, Ihre Botschaften so zu verpacken, dass das Publikum sie aufnimmt, wie Sie es wünschen. Ihre Präsentationen sind deshalb überschaubar, einfach gestaltet, ansprechend oder mit einem Wort: wirkungsvoll.

Wirkungsvoll zu präsentieren will geübt sein. Ihre Werkzeuge sind Wörter, Bilder, Grafiken und Hyperlinks. Diese Werkzeuge können Sie vielfältig einsetzen. Der Computer ermöglicht Ihnen, Ihre Präsentation aus unzähligen Varianten aufzubauen. Das heisst jedoch nicht, dass auch Ihre Präsentationen kompliziert aussehen sollen. Ganz im Gegenteil. Versuchen Sie immer wieder, Ihre Präsentationen zu vereinfachen. Für das Design Ihrer Präsentation sind Sie verantwortlich – nicht etwa der Computer. Sie sind Gestalter. Kein Computer dieser Welt kann Ihnen diese Arbeit abnehmen. Jede Präsentation verfolgt einen bestimmten Zweck, und Sie sollten sich deshalb immer wieder fragen: Führen die eingesetzten Mittel tatsächlich zum Ziel? Was soll mit dieser Präsentation erreicht werden? Welche Mittel muss ich dazu einsetzen?

Gehen Sie mit viel Freude an diese kreative Arbeit. Viel Erfolg!

Fredi Schenk

Inhaltsverzeichnis

Vorwort		1
1	**PowerPoint-Grundlagen**	**5**
1.1	Der PowerPoint-Bildschirm	6
1.2	Die inhaltliche Strukturierung der Register	7
1.3	Eine neue Präsentation erstellen	8
1.4	Die Dateiformate von PowerPoint 2010	9
1.5	Aus Vorlagen und Designs auswählen	10
1.6	Eine Präsentation auf der Grundlage «Leere Präsentation erstellen»	16
1.7	Text auf einer Folie eingeben	19
1.8	Die drei Master bearbeiten	21
2	**Arbeiten mit Objekten**	**27**
2.1	Registerkarte Einfügen	28
2.2	Textfelder hinzufügen und verändern	29
2.3	Formen einfügen, bearbeiten, verbinden und verändern	32
2.4	Einfügen von Tabellen	44
2.5	Diagramme erstellen	47
2.6	SmartArts helfen bei Hierarchien und Abläufen	49
2.7	Einfügen von ClipArts und Bildern	52
3	**Regeln für die Präsentationsgestaltung**	**61**
3.1	Grundsatzregeln	62
3.2	Folien und Objekte animieren	71
4	**Präsentationen vorführen und drucken**	**81**
4.1	Präsentationen vorführen	82
4.2	Präsentationen drucken	86
5	**Glossar**	**89**
	Stichwortverzeichnis	**89**

PowerPoint
Grundlagen

1

Präsentation

1.1 Der PowerPoint-Bildschirm

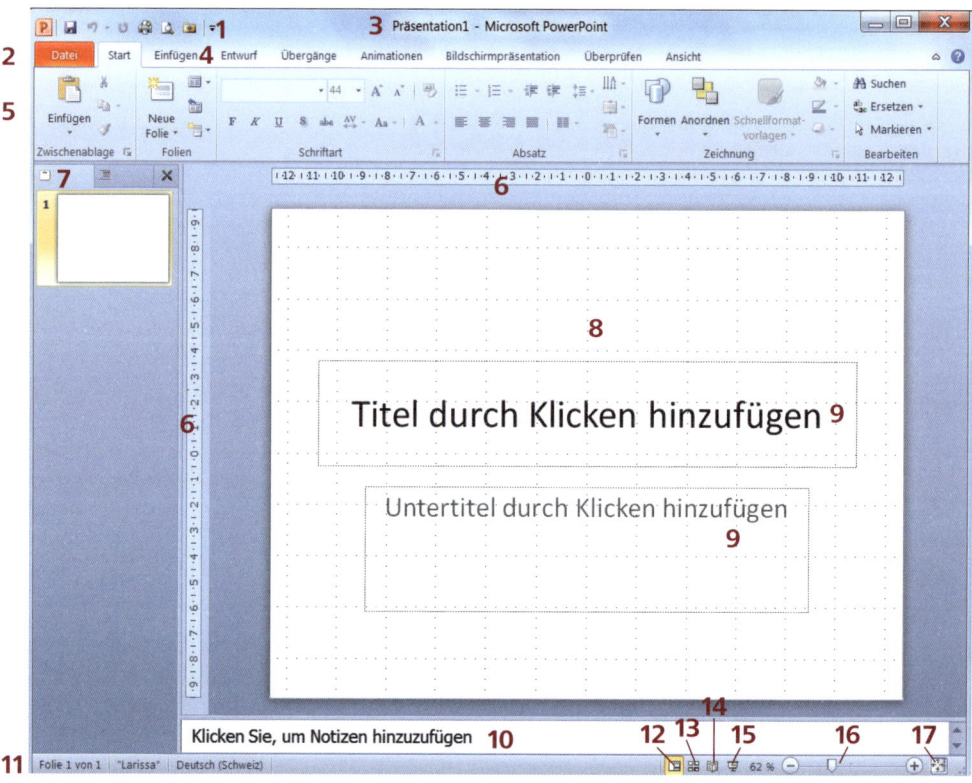

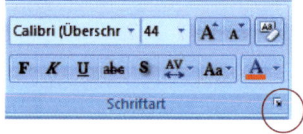

Startprogramm für ein Dialogfeld. Darin findet man weitere Befehlsmöglichkeiten.

1 **Symbolleiste für den Schnellzugriff.** Standardmässig enthält diese Symbolleiste die Schaltflächen **Speichern**, **Rückgängig** und **Wiederholen**. Passen Sie die Symbolleiste so an, dass alle häufig verwendeten Befehle dort angezeigt werden.

2 **Registerkarte Datei.** Hier finden Sie die Befehle, welche zur Verwaltung von PowerPoint und PowerPoint-Präsentationen dienen.

3 **Titelleiste** mit dem Dateinamen.

4 Je nach Auswahl des **Registers (Start, Einfügen, Entwurf usw.)** sind unterschiedliche Menübänder aktiv.

5 **Menüband.** Es besteht aus verschiedenen Gruppen, in welche zusammenhängende Befehlsfunktionen eingebaut sind. Auf unserem Bildschirm ist das Register **Start** aktiv. Das entsprechende Menüband umfasst sechs Gruppen (Zwischenablage, Folien, Schriftart usw.).

6 **Lineale.** Sie können ein- oder ausgeblendet werden.

7 **Folienansicht** und **Gliederungsansicht**

8 **Folie**

9 **Platzhalter** für Folientitel und Untertitel

10 **Notizfeld.** Jeder Folie einer PowerPoint-Präsentation ist eine Notizseite zugeordnet. Hier können Sie Ihre Vortragsnotizen festhalten. Dazu klicken Sie einfach in das Notizfeld und geben den Text ein.

11 **Statusleiste.** Sie bietet Ihnen Informationen über die aktuelle Präsentation. Sie können die Anzeige der Informationen ein- und ausschalten, indem Sie mit der rechten Maustaste auf die Statusleiste klicken.

12 **Ansicht Normal**

13 **Ansicht Foliensortierung**

14 **Leseansicht.** Mit ESC verlassen Sie diese Ansicht.

15 **Bildschirmpräsentation** starten. Es startet die aktuelle Folie. Die vollständige Präsentation starten Sie, indem Sie die Funktionstaste F5 anschlagen.

16 Einstellen des **Zoomfaktors**. Die Foliengrösse kann stufenlos gezoomt werden.

17 Folie an das aktuelle Fenster anpassen **(Foliengrösse)**

1.2 Die inhaltliche Strukturierung der Register

Die Register von PowerPoint

Register	Gruppe	Befehle
Datei	Verwaltung von PowerPoint und Präsentationen	Speichern Speichern unter Öffnen Schliessen Zuletzt verwendet Drucken Optionen
Start	Zwischenablage Folien Schriftart Absatz Zeichnung Bearbeiten	Ausschneiden, Kopieren und Einfügen, Format übertragen Folienlayout auswählen, neue Folien einfügen, Folien löschen, Zurücksetzen Schriftformatierungen Absatzformatierungen, in SmartArt konvertieren Formen einfügen, anordnen, Schnellformatvorlagen, Formen formatieren Suchen, Ersetzen und Markieren
Einfügen	Tabellen Bilder Illustrationen Hyperlinks Text Symbole Medien	Einfügen von Text- und Excel-Tabellen Einfügen von Grafik, ClipArt, Screenshot, Fotoalbum Einfügen von Formen, SmartArt und Diagramm Einfügen von Hyperlinks und Aktionen Einfügen von Textfeldern, Kopf- und Fusszeilen, WordArt, Datum und Uhrzeit, Foliennummer, Objekten Einfügen von Formeln und Symbolen Einfügen von Video und Audio
Entwurf	Seite einrichten Designs Hintergrund	Auswahl der Seitenformate Auswahl der Designs, Farben, Schriftarten und Effekte Hintergrund formatieren und Hintergrundgrafiken ausblenden
Übergänge	Vorschau Übergang zu dieser Folie Anzeigedauer	Vorschau auf die gewählten Einstellungen Auswahl der Folienanimationen, Effektoptionen Auswahl von Sounds, Dauer, Übergangsgeschwindigkeiten
Animation	Vorschau Animation Erweiterte Animation Anzeigedauer	Testen der Animationen Animationen und Effektoptionen auswählen Benutzerdefinierte Animationen hinzufügen Start, Dauer und Verzögerung der Animation auswählen
Bildschirm- präsentation	Bildschirmpräsentation starten Einrichten Bildschirme	Von Beginn an oder aus aktueller Folie, benutzerdefinierte, zielgruppenorientierte Bildschirmpräsentation Bildschirmpräsentation einrichten, Folien ausblenden, Anzeigedauer testen, Erzählungen aufzeichnen Auflösung, Referentenansicht
Überprüfen	Dokumentprüfung Sprache Kommentare Vergleichen	Rechtschreibe- und Grammatikprüfung, Thesaurus Sprache festlegen, Übersetzungs- und Recherchetools Kommentare einfügen, bearbeiten und löschen Aktuelle Präsentation mit andern Präsentationen vergleichen
Ansicht	Präsentationsansichten Masteransichten Anzeigen Zoom Farbe/Graustufe Fenster Makros	Normal, Foliensortierung, Notizenseite, Leseansicht Folienmaster, Handzettelmaster, Notizenmaster Lineal, Gitternetzlinien, Führungslinien Am Fenster anpassen Farbe, Graustufe oder Schwarzweiss Neues Fenster, Fenster anordnen und wechseln Makros erstellen, bearbeiten
Entwickler- tools	Code Add-Ins Steuerelemente Ändern	Achtung: Diese Registerkarte wird nur angezeigt, wenn das entsprechende Häkchen in den PowerPoint-Optionen aktiviert ist: Registerkarte Datei > Optionen > Menüband anpassen > Entwicklertools.

1.3 Eine neue Präsentation erstellen

Register	**Datei**
Befehl	Neu
Befehl	Leere Präsentation

Die wichtigsten Befehle, die zu einem bestimmten Resultat oder einer Funktion führen, sind jeweils in einer solchen Tabelle am Seitenrand zusammengestellt.

Tipp: Eine leere Präsentation können Sie auch mit der Tastenkombination **Ctrl+N** oder aus der Symbolleiste für den Schnellzugriff (Schnellstartleiste) öffnen.

Register	**Datei**
Befehl	Speichern und senden
Befehl	Auswahl

Präsentation speichern

Tipp: Eine Präsentation können Sie erstmals mit der Taste **F12**, später zusätzlich mit der Tastenkombination **Ctrl+S** speichern.

Sie können zur Erstellung einer neuen Präsentation auf grosse Vorlagenarchive zugreifen, und zwar sowohl auf Vorlagen auf dem lokalen PC als auch auf Onlinevorlagen. Beim Herunterladen von Onlinevorlagen wird überprüft, ob Sie eine Originalversion von Microsoft Office verwenden. Selbstverständlich können Sie auch eigene Vorlagen mit Logos, Bildern, Folienlayouts usw. speichern, sodass Sie nicht jedes Mal neu beginnen müssen.

Beim Start von PowerPoint öffnet sich eine leere Folie, welche auf der allgemeinen Vorlage **Leere Präsentation** beruht.

Gewöhnen Sie sich an, sobald Sie die gewünschte Vorlage geöffnet haben, Ihre Präsentation zu speichern.

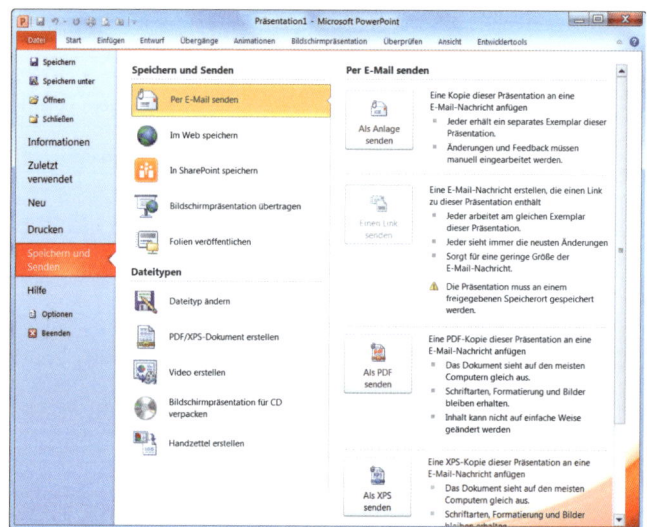

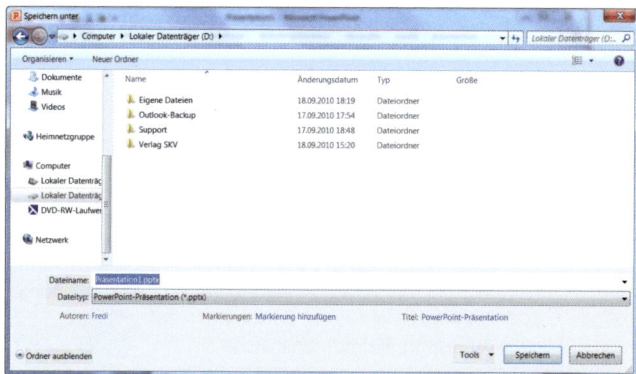

Ihre Arbeit sollten Sie in regelmässigen Abständen speichern. So sind Sie sicher, dass Sie keine Daten und vor allem keine wertvolle Zeit verlieren.

Bitte beachten Sie dazu auch die Hinweise zu den neuen Dateiformaten im Kapitel 1.4.

1.4 Die Dateiformate von PowerPoint 2010

Office 2010 verfügt gegenüber früheren Office-Versionen über verschiedene neue Dateiformate, was viele neue Möglichkeiten der Veröffentlichung von Präsentationen erlaubt, aber auch Verbesserungen in der Sicherheit bringt. Nutzen Sie diese Möglichkeiten, um Informationen in geeigneter Form zu veröffentlichen.

```
PowerPoint-Präsentation (*.pptx)                                    1
PowerPoint-Präsentation mit Makros (*.pptm)                         2
PowerPoint 97-2003-Präsentation (*.ppt)                             3
PDF (*.pdf)                                                         4
XPS-Dokument (*.xps)                                                4
PowerPoint-Vorlage (*.potx)                                         5
PowerPoint-Vorlage mit Makros (*.potm)                              5
PowerPoint 97-2003-Vorlage (*.pot)
Office-Design (*.thmx)
PowerPoint-Bildschirmpräsentation (*.ppsx)                       ⎤
PowerPoint-Bildschirmpräsentation mit Makros (*.ppsm)            ⎬ 6
PowerPoint 97-2003-Bildschirmpräsentation (*.pps)                ⎦
PowerPoint-Add-In (*.ppam)
PowerPoint 97-2003-Add-In (*.ppa)
PowerPoint XML-Präsentation (*.xml)
Windows Media Video (*.wmv)
GIF (Graphics Interchange Format) (*.gif)
JPEG-Dateiaustauschformat (*.jpg)
PNG-Format (Portable Network Graphics) (*.png)
TIFF Tag Image File Format (*.tif)
Geräteunabhängige Bitmap (*.bmp)
Windows-Metadatei (*.wmf)
Erweiterte Windows-Metadatei (*.emf)
Gliederung/RTF (*.rtf)
PowerPoint-Bildpräsentation (*.pptx)
OpenDocument-Präsentation (*.odp)
```

Auswahl von Dateiformaten

1 **PPTX:** Dies ist das Standardformat einer PowerPoint-Präsentation. Das Format basiert auf dem XML-Standard und ist für PowerPoint 2010 gültig. Wenn Sie also eine Präsentation erstellen, die in früheren Office-Versionen ablaufen soll, so müssen Sie die Präsentation im Format **PowerPoint 97–2003-Präsentation (*.ppt)** speichern. Allerdings gehen dann viele neue Funktionen aus Office 2010 verloren.
Dateien, welche im neuen Format gespeichert werden, können keine Makros und ActiveX-Steuerelemente enthalten. Damit wird das Risiko von Viren bei diesen Dateien verhindert.

2 **PPTM:** Präsentationen, die VBA (Visual-Basic-Code) in sogenannten Makros enthalten, erhalten automatisch die Erweiterung pptm. Makros können immer auch Viren enthalten, weshalb bei solchen Präsentationen Vorsicht geboten ist.

3 **PPT:** Speichern Sie Ihre Präsentation unter diesem Format, wenn sie später in älteren Office-Versionen gestartet werden soll.

4 **PDF, XPS:** Sie können aus einer Präsentation jederzeit ein PDF-Dokument erstellen, nachdem Sie in Office ein von Microsoft zur Verfügung gestelltes Add-In (Zusatzprogramm) installiert haben. Das Programm können Sie auf folgender Seite herunterladen und dann installieren:
http://www.microsoft.com/downloads

5 **POTX** und **POTM:** Eigene Vorlagen speichern Sie unter diesen Dateiformaten, wiederum ohne oder mit Makros.

6 **PPSX, PPSM** und **PPS:** eine Präsentation, die immer in der Bildschirmpräsentationsansicht statt in der Normalansicht geöffnet wird. Ein Doppelklick auf eine solche Datei lässt also die Präsentation sofort starten.

1.5 Aus Vorlagen und Designs auswählen

Eine neue Präsentation mit einer Vorlage starten

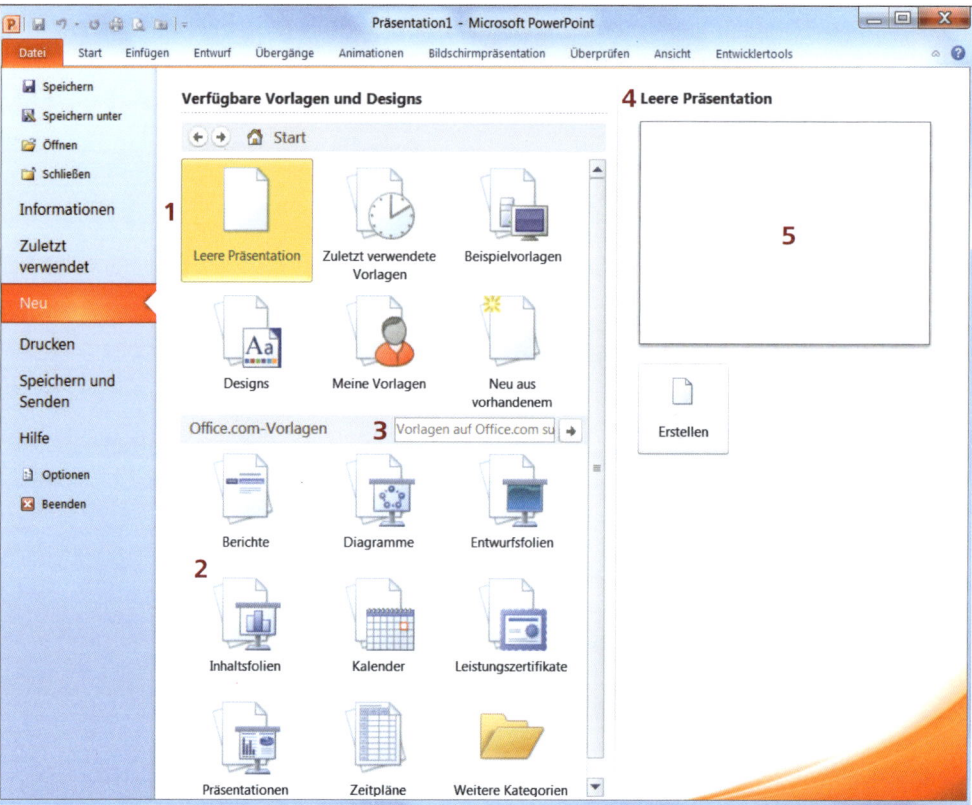

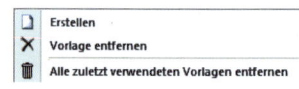

Sie können alle oder nur einzelne der zuletzt verwendeten Vorlagen entfernen, indem Sie mit der rechten Maustaste auf eine Vorlage klicken.

1 Öffnen einer leeren Präsentation, einer Präsentation aus installierten **Microsoft-Vorlagen,** eigenen Vorlagen oder aus Designvorlagen. Diese Vorlagen befinden sich auf dem lokalen Gerät oder auf einem betriebsinternen Netz.
Sie erstellen Präsentationen effizienter, wenn Sie nicht jedes Mal mit einer leeren Präsentation beginnen. Verwenden Sie Vorlagen – in einem Unternehmen vor allem auch Vorlagen unter Berücksichtigung von Corporate Designs – und passen Sie dann die Präsentation an.

2 In diesem Bereich sind Office-Onlinevorlagen abgelegt. Sie können diese aus dem Internet herunterladen, sofern Sie eine lizenzierte Version von Office verwenden. Die Vorlagen sind thematisch geordnet.

3 Hier können Sie mittels Suchwörtern Onlinevorlagen finden. Das Feld ist nur aktiv, wenn Sie einen Eintrag aus Microsoft Office Online aktiviert haben. Aktivieren Sie beispielsweise **Berichte** und suchen Sie nach **Projektbericht.**

4 Name der Vorlagendatei

5 Vorschau

Aus Vorlagen und Designs auswählen

Ein Design auswählen

Sie können einer oder allen Folien ein bestimmtes Design zuordnen, Farbanpassungen vornehmen und die Schriftart der Vorlage ändern. Die Gestaltung von eingefügten Objekten aus Formen und SmartArts lassen sich ebenfalls in den Designs anpassen.

Register	**Entwurf**
Gruppe	**Designs**

Design auswählen

1 Auswahl einer Designvorlage. Mit der Bildlaufleiste können Sie weitere Vorlagen sichtbar machen. Zudem können Sie auf eine Reihe von Vorlagen im Internet zugreifen und eigene Designs speichern, aber auch nach Designs – ebenso aus anderen Office-Anwendungen (docx, xlsx, dotx usw.) – suchen. So können beispielsweise firmenspezifische Designs programmübergreifend in die einzelnen Office-Anwendungen übernommen werden.

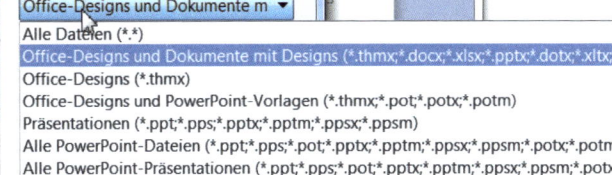

2 Verändern der Farbzuordnungen zu den einzelnen Vorlagen

Anzeige der integrierten Farben

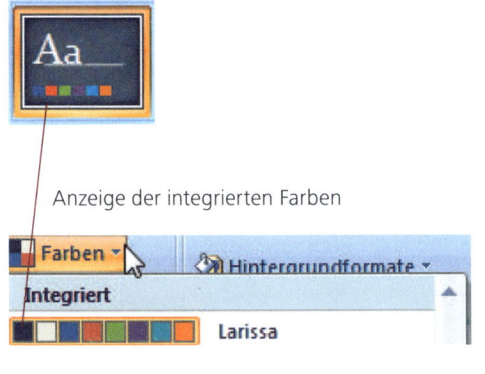

3 Auswahl von **Designschriftarten**
4 Auwahl von **Effekten** für bestimmte Objekte
5 Auswahl an weiteren **Hintergrundformaten**
6 Ausblenden von Hintergrundgrafiken

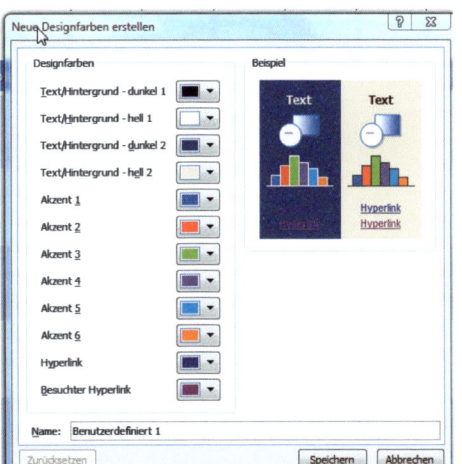

Register	**Entwurf**
Gruppe	**Designs**
Befehl	**Farben**
Befehl	**Neue Designfarben erstellen**

Neue Designfarben erstellen

In der Dialogbox **Neue Designfarben erstellen** können Sie eigene Designvorlagen vorgeben. Wählen Sie die entsprechenden Designfarben und geben Sie der Vorlage einen Namen.

Präsentation

Achtung: Änderungen bezüglich Layout einer Folie wirken sich je nach Wunsch auf sämtliche Folien Ihrer Präsentation oder auf eine einzelne Folie aus. Überlegen Sie also vorher, was Sie anpassen wollen, oder machen Sie den Vorgang wenn notwendig sofort rückgängig.

Das Erscheinungsbild durch Hintergrundstile ändern

Schnellformatvorlagen stehen Ihnen in allen Kernanwendungen von Office 2010 zur Verfügung. Sie können aus angebotenen Katalogen auswählen und anhand der Vorschau unterscheiden, ob Sie die Folie anwenden möchten. Welche Schnellformate zur Verfügung stehen, ist abhängig von den einzelnen Objekten.

Aufgabe 1

Erstellen Sie einen Schulkalender für das laufende oder das nächste Jahr (August bis August). Holen Sie die entsprechende Vorlage aus dem Vorlagenkatalog des Internets und ändern Sie das Aussehen des Kalenders, indem Sie das Design ändern:

Register	**Datei**
Befehl	Neu
Auswahl	Office.com-Vorlagen Kalender
Auswahl	Akademischer Jahreskalender
Auswahl	Schulkalender

Vorlage eines Schuljahreskalenders auswählen

Register	**Entwurf**
Gruppe	Designs
Auswahl	Gewünschtes Design wählen
Befehl	Schriftarten
Auswahl	Geeignete Schriften wählen

Designs und Schrift verändern

Beispiel 1: Designs Deimos, Schrift Lucida Sans Unicode

Beispiel 2: Designs Raster, Schrift Verdana

Neben der Auswahl aus Katalogen können Sie auch die Direktformatierungen auf den Folien unterbringen, beispielsweise durch Verändern der Schriftgrösse, der Schriftfarbe (Sonntage!) oder durch Einfügen von speziellen Hintergründen (hier als Bild).

Register	**Start**
Tabelle markieren	Schriftgrösse
Gruppe	Schriftart
Auswahl	Geeignete Schrift wählen
Sonntage markieren	Rote Schriftfarbe wählen

Zusätzliche Direktformatierungen einfügen

Aus Vorlagen und Designs auswählen

Microsoft bietet im Internet verschiedene Vorlagen mit Präsentationen an, welche zur Schulung der Programme dienen, teilweise mit Testfragen. Wir empfehlen Ihnen, als Repetition diese Unterlagen gelegentlich durchzuarbeiten. Als erste Präsentation eignet sich die «Einführung in PowerPoint 2010», Registerkarte **Datei > Neu > Beispielvorlagen.** (Hinweis: Die Präsentation befindet sich auch auf der CD zum Lehrmittel IKA, siehe Datei Aufgabe 2.)

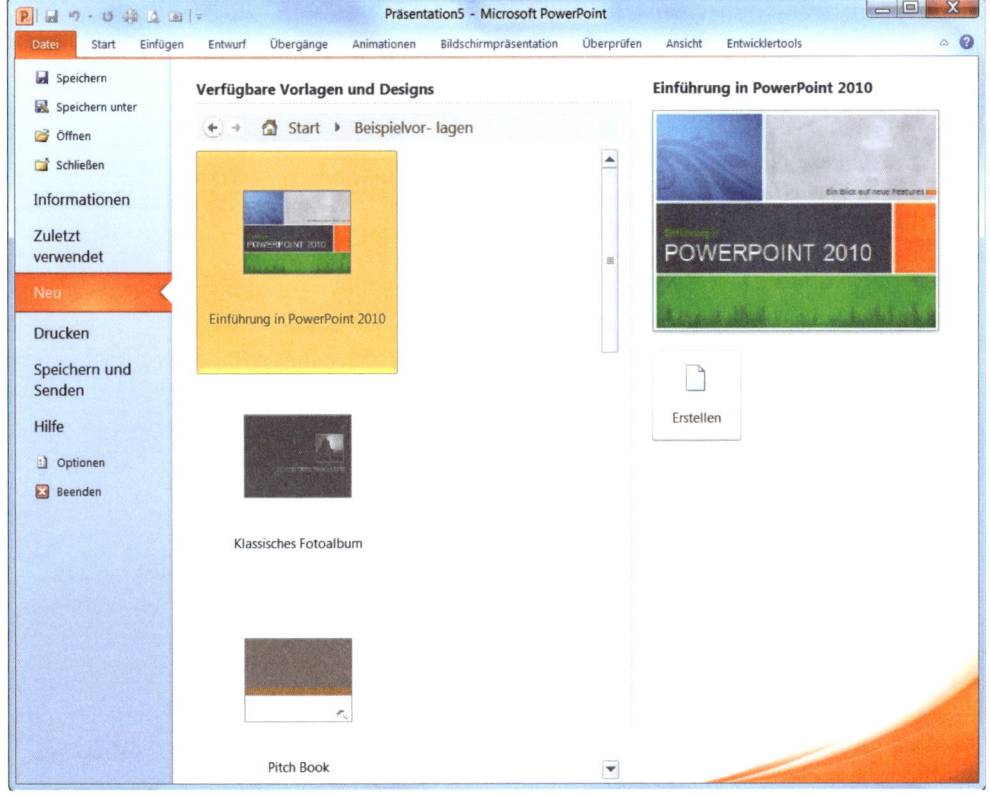

Vorlage öffnen

Register	**Datei**
Befehl	Neu
Auswahl	Beispielvorlagen
Auswahl	Einführung in PowerPoint 2010

Präsentation

▶ Starten Sie die Präsentation, indem Sie die Funktionstaste **F5** betätigen.

Beachten Sie den Unterschied zwischen Folienansicht und Gliederungsansicht:

Register	Ansicht
Gruppe	Präsentations-ansichten
Befehl	Normal

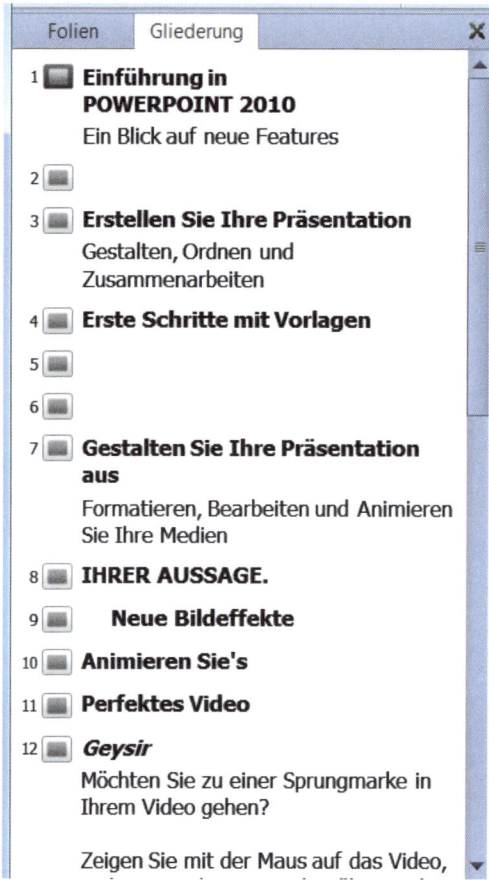

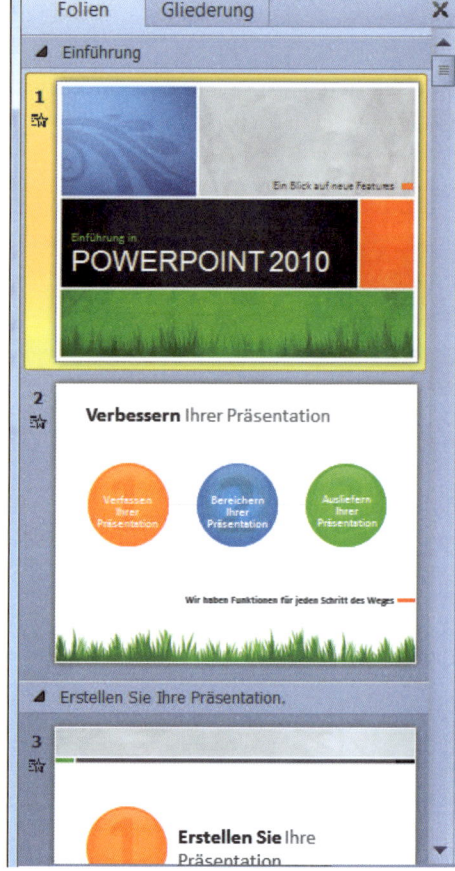

Gliederungsansicht   Folienansicht

Aus Vorlagen und Designs auswählen

▶ Zeigen Sie die Folien auf dem Bildschirm in der Foliensortierungsansicht. Die Folien werden als Miniaturansichten angezeigt.

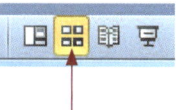

Folien lassen sich in der Foliensortierungsansicht ganz einfach per **Drag & Drop** umsortieren.

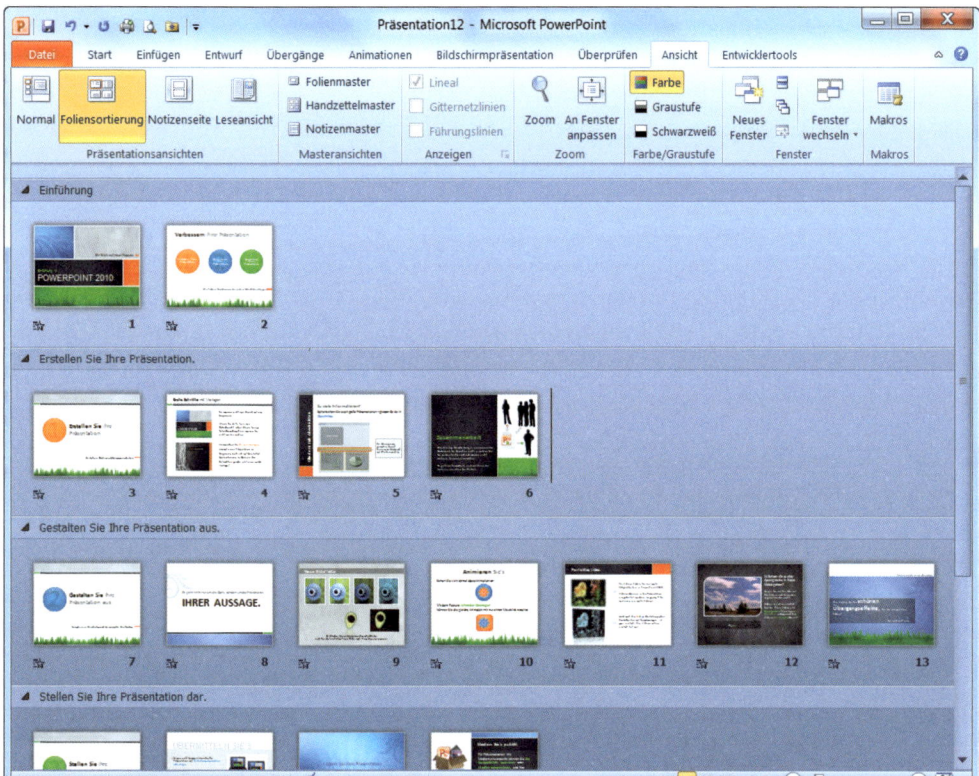

Register	**Ansicht**
Gruppe	Präsentations-ansichten
Befehl	Foliensortierung

Foliensortierungsansicht

1.6 Eine Präsentation auf der Grundlage «Leere Präsentation erstellen»

Wenn Sie eine neue, leere Präsentation erstellen, können Sie aus verschiedenen Folienlayouts die geeignete Folienart auswählen. PowerPoint wählt bei einer leeren Präsentation als erste Folie immer die **Titelfolie**, was Sie jedoch leicht ändern können.

Die Titelfolie

Sicher benötigen Sie bei einer neuen Präsentation oft eine Titelfolie, auf der Sie in der Regel den Inhalt der Präsentation festhalten. Titelfolien verfügen über besondere Eigenschaften, die wir später beschreiben. Eine Titelfolie enthält zwei Platzhalter **(Titel durch Klicken hinzufügen** und **Untertitel durch Klicken hinzufügen)**. Der Text steht auf einer Folie immer in sogenannten Platzhaltern. Man kann in PowerPoint nicht direkt auf die Folie schreiben.

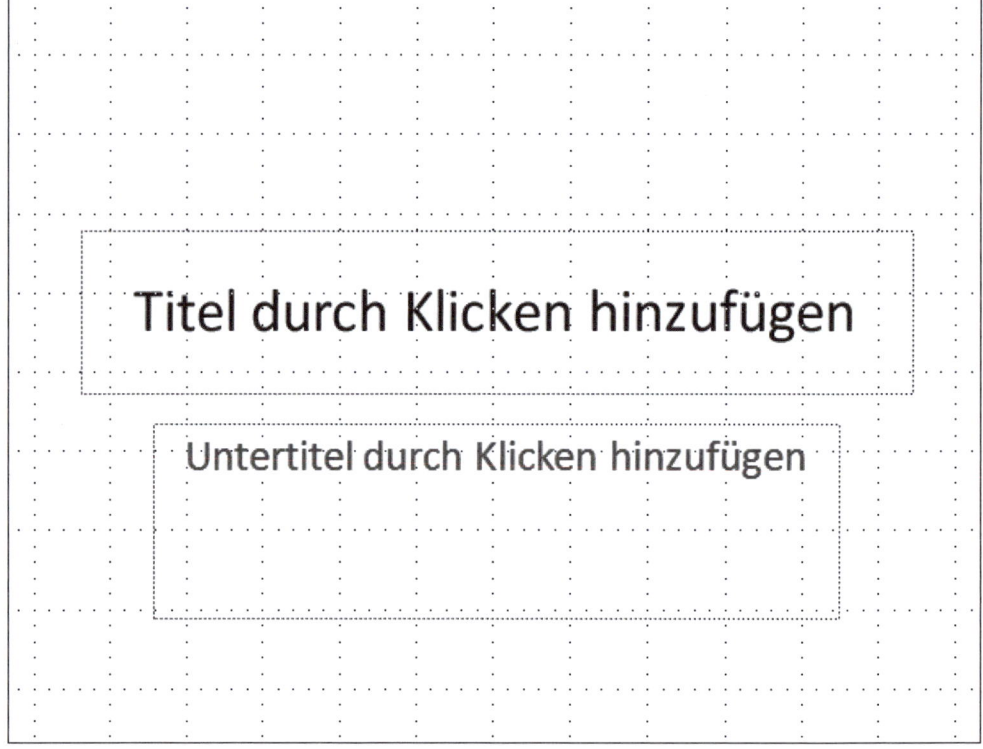

Titelfolie

Andere Folienlayouts einfügen

Hier verwalten Sie das Layout der Folien.

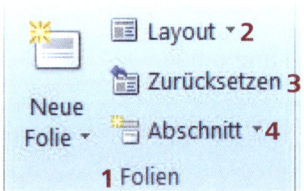

Register	Start
Gruppe	Folien

Gruppe zur Folienverwaltung

Tipp: Als Befehlsabkürzung können Sie zum Einfügen einer neuen Folie die Tastenkombination **Ctrl+M** verwenden.

1 Wenn Sie einer Präsentation eine neue Folie hinzufügen, können Sie das Folienlayout auswählen. **Ctrl+M** fügt eine Folie im Layout **Titel und Inhalt** ein.
2 Mit dem Befehl **Layout** ändern Sie das Layout der akuellen Folie. Sie können die Folien jedoch auch markieren und allen Folien das gleiche Layout zuweisen.
3 Platzhalter können Sie in der Grösse verändern, aber auch örtlich verschieben. Der Befehl **Zurücksetzen** führt wieder zum Originallayout.
4 Thematisch zusammengehörende Folien können Sie in Abschnitte gliedern.

Durch Anklicken des Pfeils neben dem Befehl **Layout** öffnet sich eine Auswahl an Folienlayouts. PowerPoint verfügt über folgende Kataloge:

- Titelfolie
- Titel und Inhalt
- Abschnittsüberschrift
- Zwei Inhalte
- Vergleich
- Nur Titel
- Leer
- Inhalt mit Überschrift
- Bild mit Überschrift

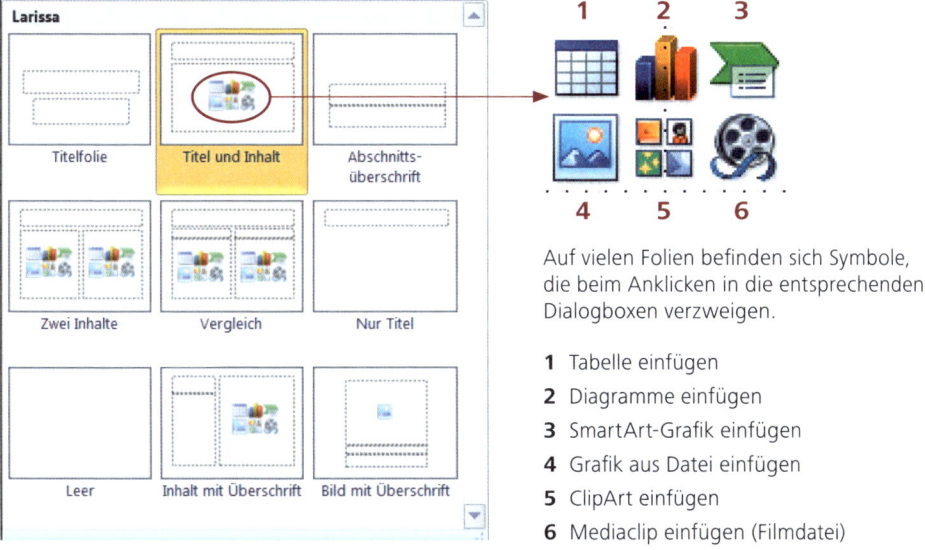

Auswahl des Folienlayouts beim Einfügen einer neuen Folie

Auf vielen Folien befinden sich Symbole, die beim Anklicken in die entsprechenden Dialogboxen verzweigen.

1 Tabelle einfügen
2 Diagramme einfügen
3 SmartArt-Grafik einfügen
4 Grafik aus Datei einfügen
5 ClipArt einfügen
6 Mediaclip einfügen (Filmdatei)

Präsentation

Register	**Ansicht**
Gruppe	Masteransichten
Befehl	Folienmaster
Alternative	Wenn Sie die Shift-Taste drücken und dann das Symbol Normal (Ansicht) in der Statuszeile anklicken, öffnet sich ebenfalls die Masterseite.

So rufen Sie den Folienmaster auf.

Register	**Folienmaster**
Gruppe	Schliessen
Befehl	Masteransicht schliessen

So schliessen Sie die Masteransicht.

Die Masterseite

Jedem Folienlayout liegt eine Folienvorlage in Form einer Masterseite zugrunde. Diese Masterseite kann verändert werden.

Das folgende Beispiel zeigt diese Technik aufgrund der Folie **Titel und Inhalt**

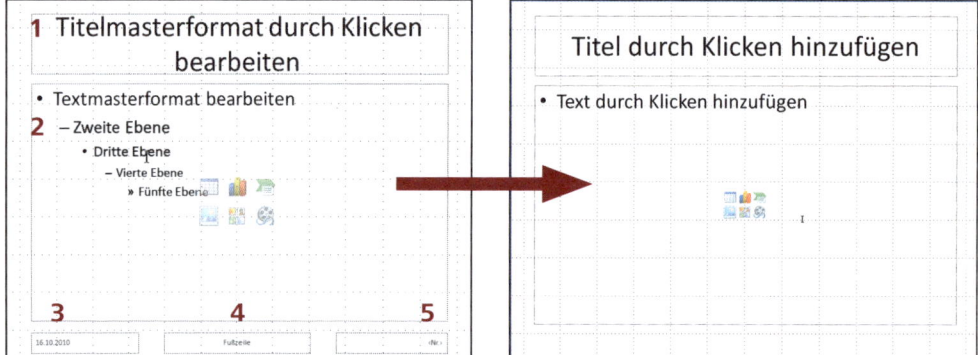

Masterfolie   Folie in der Präsentation

In der Gundeinstellung kennt die Masterfolie fünf **Platzhalter,** nämlich:

1 Platzhalter für Titel
2 Platzhalter für Inhalt, bestehend aus fünf Ebenen mit fünf unterschiedlichen Aufzählungszeichen
3 Platzhalter für Datum
4 Platzhalter für Fusszeile
5 Platzhalter für Foliennummer

Auf der Folie in der Präsentation sind nicht alle Platzhalter sichtbar. Angezeigt werden nur der Platzhalter für den Titel und die erste Ebene für den Inhalt. Sie können aber mit der Tabuliertaste bei der Texteingabe die nächste Ebene aufrufen. Selbstverständlich können Sie in eine Folie weitere Textfelder einbauen, die dann unabhängig von der Masterfolie sind.

1.7 Text auf einer Folie eingeben

Text bildet in der Regel die Grundlage einer Folie. Grundsätzlich haben Sie zwei Möglichkeiten, Text einzugeben: Entweder schreiben Sie die **Texte in Platzhalter** (auch **Textfelder**) der Folien, oder Sie geben sie im Übersichtsbereich unter der Registerkarte **Gliederung** ein. Möglich wäre auch, gegliederten Text direkt aus Word zu importieren.

Wie gehen Sie nun vor, um die folgende einfache Textfolie zu erstellen?

Computerviren

- Wie werden Viren entdeckt?
    - Virenscanner
    - Prüfsummen
    - Virenwächter
    - Schäden durch Computerviren
- Der Softwaremarkt
    - Kommerzielle Programme
    - Shareware, Freeware, Open Source
    - Support und Hotlines
    - Updates

Aufgabe 3

1 Sie starten PowerPoint oder öffnen eine leere Präsentation. Die neue Präsentation hat als erste Folie das Folienlayout **Titelfolie**.

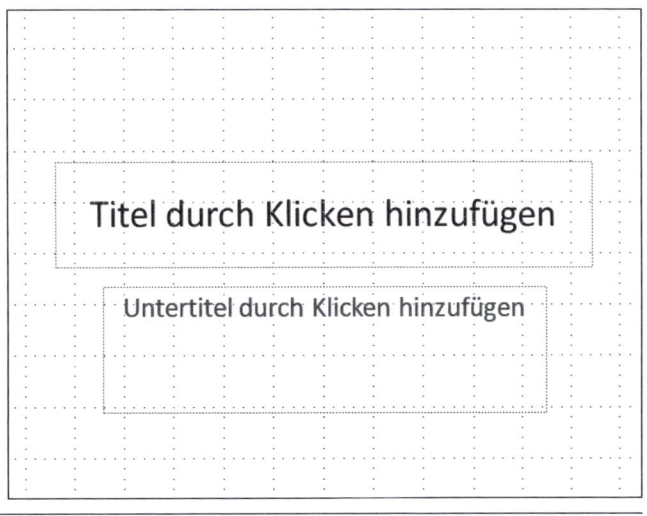

Präsentation

	2 Wechseln Sie das Folienlayout. Wählen Sie: **Titel und Inhalt**. **1** Platzhalter für Titel **2** Platzhalter für Inhalt (angezeigt wird nur die erste Ebene)	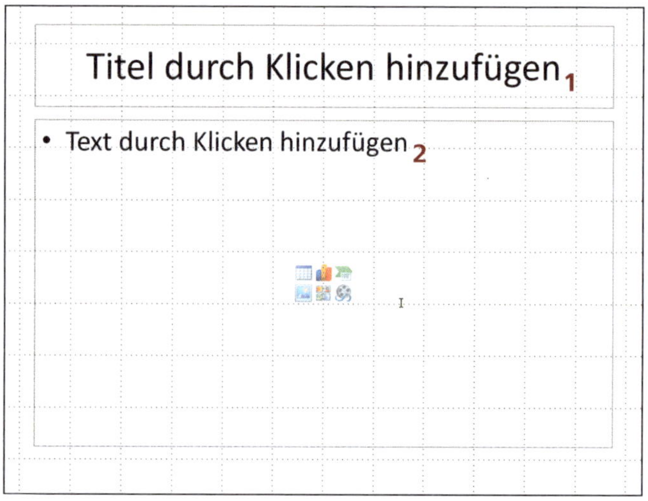 Titel durch Klicken hinzufügen₁ • Text durch Klicken hinzufügen₂

Tipp: In den nächsten Platzhalter gelangen Sie bei der Texteingabe sowohl auf der Folie wie in der Gliederung mit der Tastenkombination **Ctrl+Enter**.

	3 Schreiben Sie den Titel «Computerviren» und richten Sie den Titel linksbündig aus.	Der Titel wird in einer 44-Punkt-Schrift gesetzt. Die Schriftgrösse ist abhängig von der eingestellten Schriftgrösse in der Masterfolie. Sie können die Formatierung auch ganz einfach in der Präsentationsfolie ändern.
Tipp: Um auf einer Textfolie eine Ebene tiefer zu gelangen, betätigen Sie die **Tabuliertaste**. Eine höhere Ebene erreichen Sie mit der Tastenkombination **Shift+Tabuliertaste**. 	4 Schreiben Sie folgenden Text auf der ersten Ebene: «Wie werden Viren entdeckt?»	Für die erste Ebene hat Microsoft in der Masterfolie eine Schriftgrösse von 32 Punkt festgelegt. Das Aufzählungszeichen ist der Punkt. Es wird automatisch aufgrund der Masterfolie gesetzt. Setzen Sie den Text in der Grösse 30 Punkt.
	5 Fügen Sie eine Zeilenschaltung ein.	Sobald Sie die Zeilenschaltung betätigen, erscheint ein neuer Aufzählungspunkt auf der Folie, und zwar in der Formatierung von Ebene 1 (entsprechend der vorangehenden Formatierung).
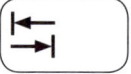 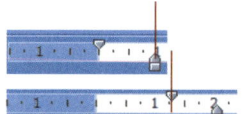	6 Schlagen Sie die Tabuliertaste an.	Damit wird der Text aufgrund der in der Masterfolie definierten zweiten Ebene dargestellt. Als Aufzählungszeichen erscheint der Halbgeviertstrich. Schreiben Sie den Text der Vorlage von Seite 19. Leider setzt PowerPoint die Ebene 2 und tiefere Ebenen nicht genau untereinander. Dies widerspricht der Darstellungsregel, dass man optische Achsen bilden sollte (siehe auch Kapitel 3, Regel 8). Die Einzüge sind im Lineal oder im Register **Start** im Dialogfeld **Absatz** sichtbar.
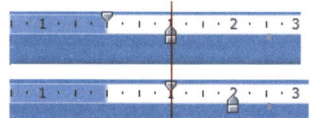		Sie können die Einzüge direkt im Lineal korrigieren, indem Sie mit der Maustaste die Reiter verstellen. Um den Raster auszuschalten, drücken Sie beim Ziehen zusätzlich die **Alt-Taste**. **Achtung:** Wesentlich einfacher geschieht die Formatierung, wenn Sie die Einzüge auf der Masterseite korrigieren, was sich dann unmittelbar auf die Präsentationsfolie auswirkt.
	7 Geben Sie die weiteren Texte ein und speichern Sie die Aufgabe unter Aufgabe 3.	Sie können jeweils auf eine höhere Ebene zurückkehren, wenn Sie die Tabuliertaste mit gedrückter **Shift-Taste** anschlagen.

1.8 Die drei Master bearbeiten

Der Folienmaster

Wenn Sie rasch auf allen Folien z. B. den Hintergrund oder die Schriftfarbe eines Platzhalters ändern wollen, benützen Sie die entsprechende Masterseite:

Register	**Ansicht**
Gruppe	**Masteransichten**
Befehl	**Folienmaster**

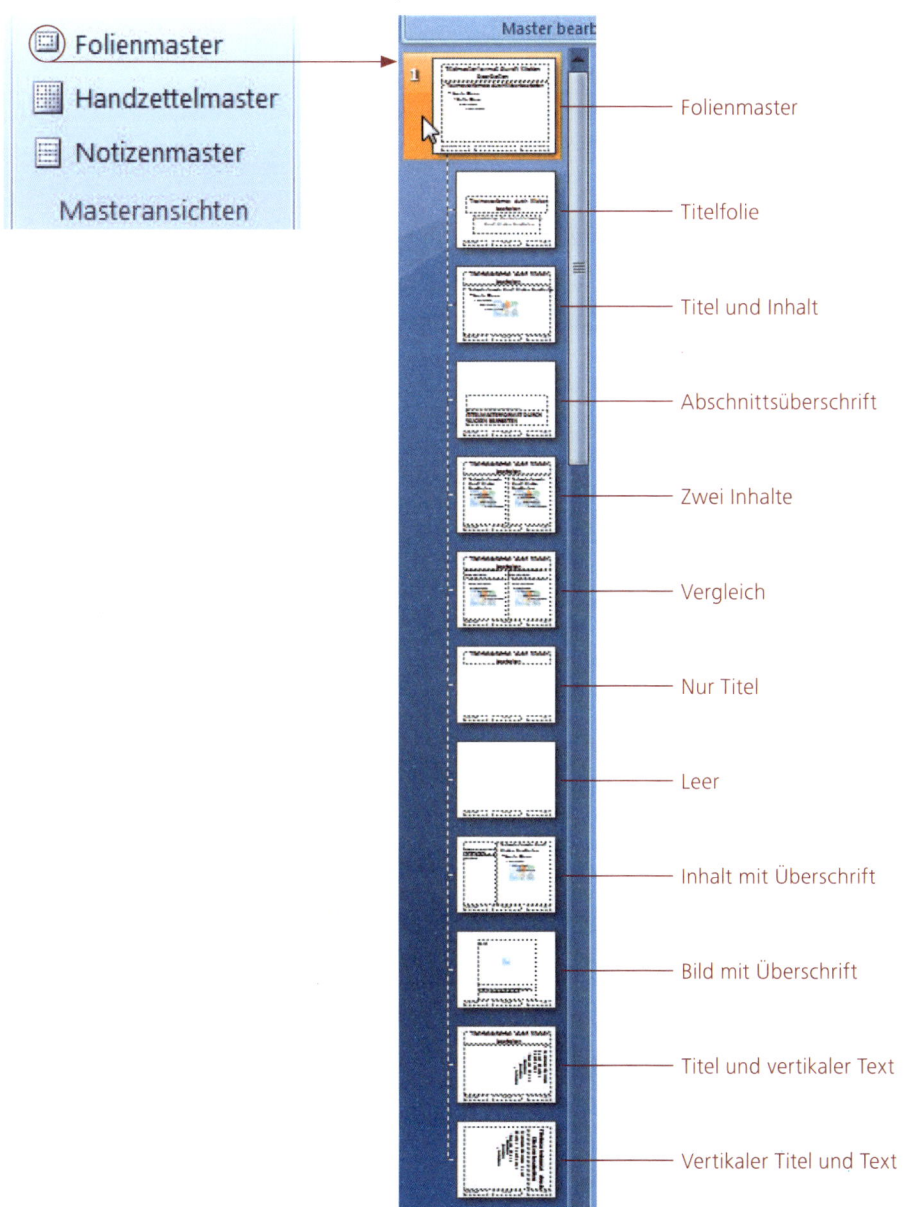

Wichtig: Änderungen im Folienmaster wirken sich auf alle Masterseiten aus.
Änderungen in den anderen Masterseiten wirken sich nur auf das entsprechende Folienlayout aus.

Präsentation

Auf dem unten abgebildeten Folienmaster (links) ist der Titel-Platzhalter (Schriftfarbe rot) auf der rechten Seite verkleinert worden. Dafür wurde hier ein ClipArt eingefügt. Alle Folien der Präsentation haben nun das gleiche Erscheinungsbild (rechts).

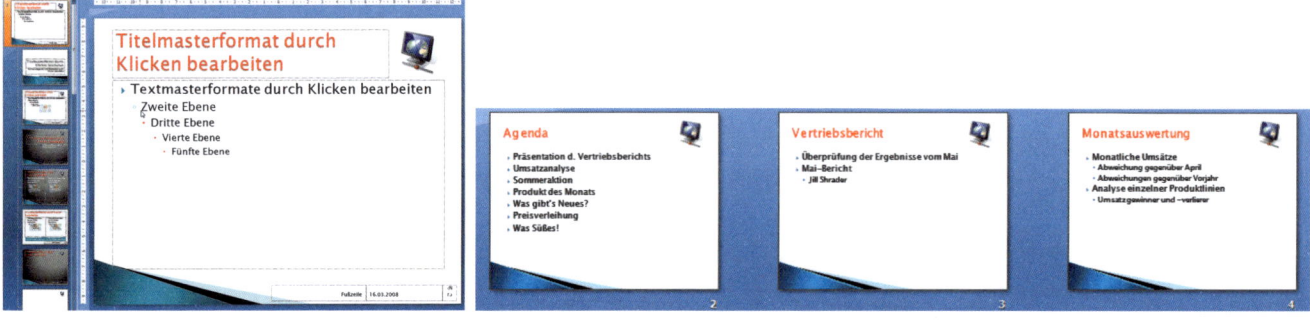

Änderungen im Folienmaster ⟶ wirken sich auf alle Folien der Präsentation aus.

Handzettel- und Notizenmaster

Register	**Ansicht**
Gruppe	Masteransichten
Befehl	Handzettel-master

Bei Vorträgen, Informationsveranstaltungen und Schulungen werden oft gedruckte Unterlagen abgegeben. Deshalb sollten Sie auch diese beiden Master korrekt einrichten können.

Der **Handzettelmaster** enthält vier Platzhalter:

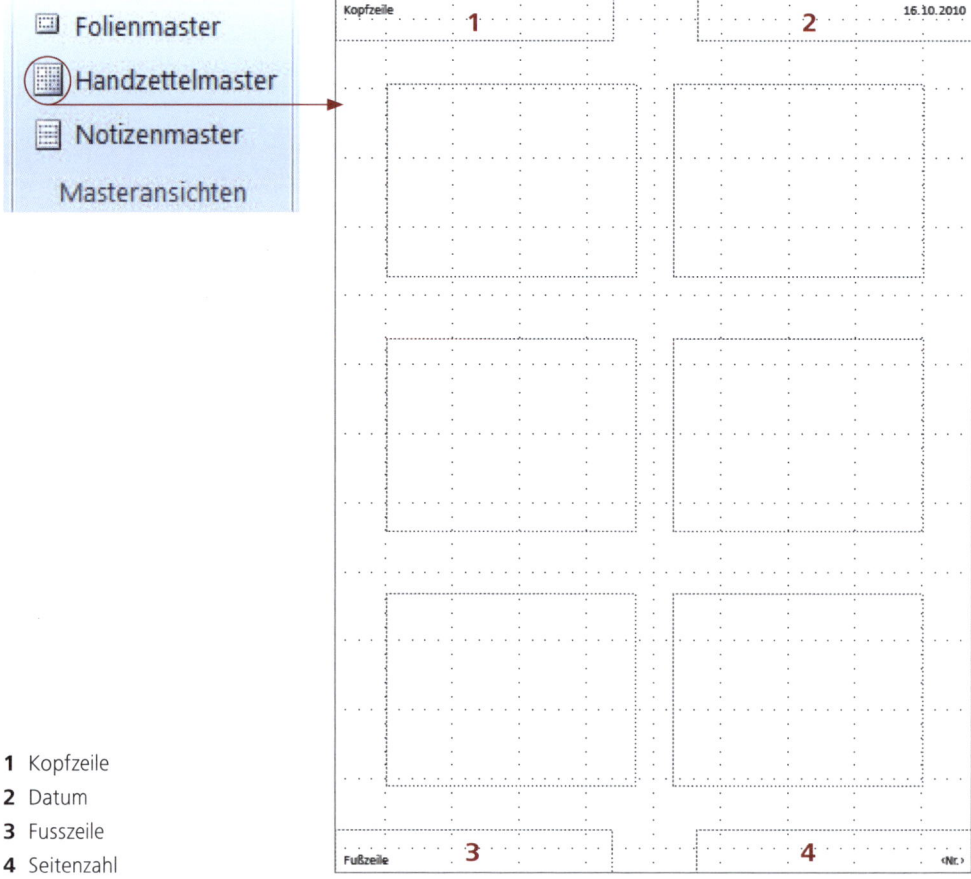

1 Kopfzeile
2 Datum
3 Fusszeile
4 Seitenzahl

Die drei Master bearbeiten

Der **Notizenmaster** enthält zwei weitere Platzhalter, die Sie formatieren können:

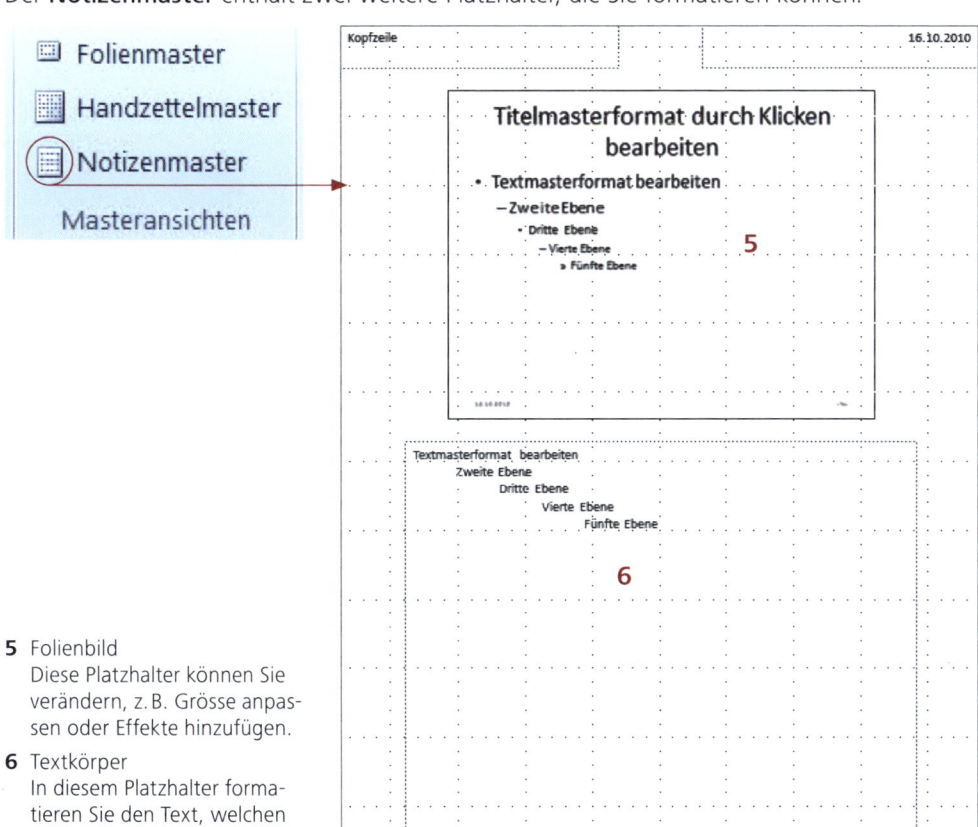

Register	**Ansicht**
Gruppe	Masteransichten
Befehl	Notizenmaster

5 Folienbild
Diese Platzhalter können Sie verändern, z.B. Grösse anpassen oder Effekte hinzufügen.

6 Textkörper
In diesem Platzhalter formatieren Sie den Text, welchen Sie in der Notizseitenansicht zur entsprechenden Folie eingeben.

Geben Sie Inhalte für die Platzhalter für die Kopf- und Fusszeilen der Notizblätter und Handzettel nicht auf den Masterseiten, sondern in der dafür vorgesehenen Dialogbox ein. Diese finden Sie im Register **Einfügen** in der Gruppe **Text**.

Tipp: Auf Folien sind Angaben wie Datum, Uhrzeit, Name des Referenten und Foliennummerierung in der Fusszeile überflüssig. Sie bringen dem Zuhörer keinen Mehrwert.
Also: weglassen.

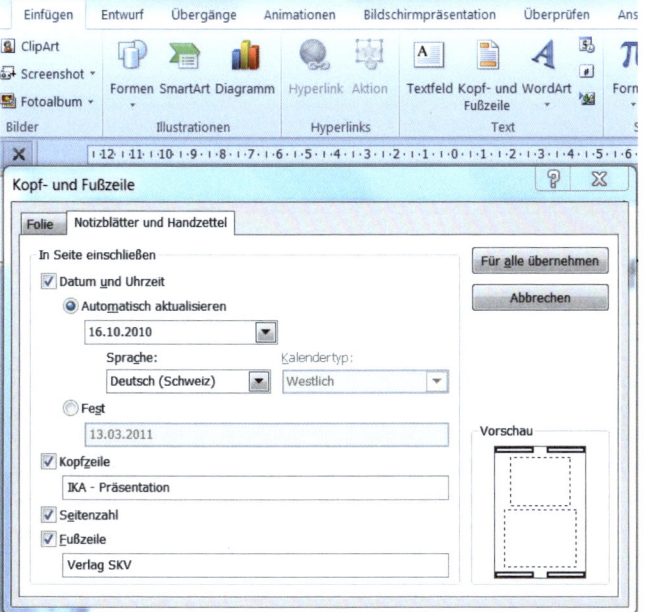

Kopf- und Fusszeilen für Notizblätter und Handzettel

23

Präsentation

Aufgabe 4

1. Öffnen Sie die «**Präsentation: Projektstatusbericht**» oder die Datei Aufgabe 4.

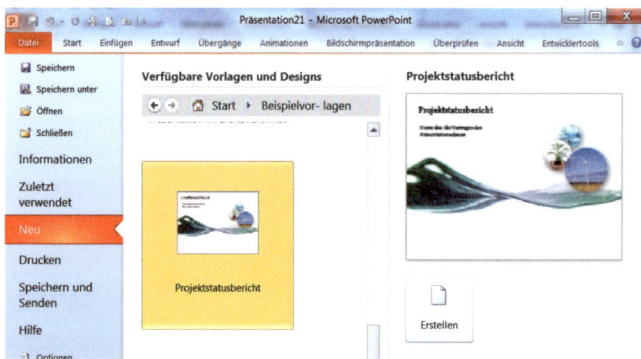

2. Wechseln Sie in den **Folienmaster**.

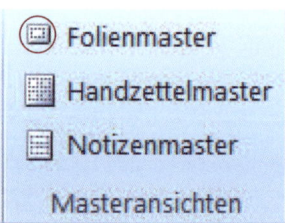

3. Klicken Sie auf den Folienmaster.

4. Markieren Sie den Titelbereich und formatieren Sie die Schriftfarbe rot.

   Nach dem Markieren wechseln Sie ins Register **Start** und wählen Sie die Farbe.

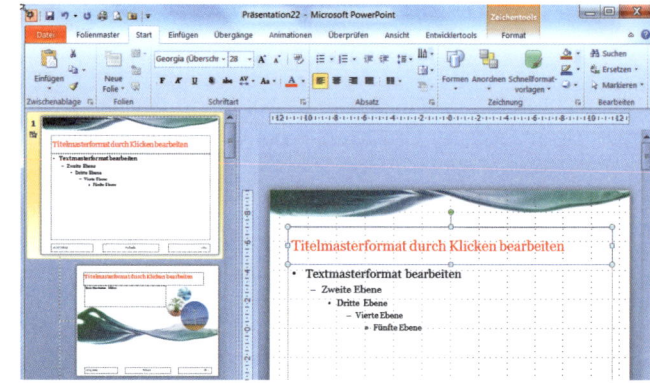

5. Entfernen Sie die drei Platzhalter **Fusszeile**, **Datum** und **Seitenzahl**.

   Sie befinden sich auf dem Folienmaster am unteren Rand.

6. Schliessen Sie die Masteransicht.

7. Wechseln Sie in den **Handzettelmaster**.

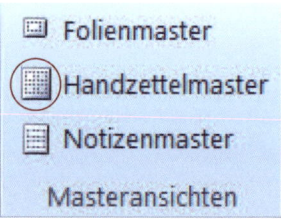

Die drei Master bearbeiten

8	Markieren Sie die vier Platzhalter und formatieren Sie wie folgt: Schriftfarbe Rot Schriftgrad 16 pt, fett Zum Markieren halten Sie die Shift-Taste gedrückt.	
9	Schliessen Sie die Masteransicht.	
10	Kontrollieren Sie in der Seitenansicht, wie sich Ihre Änderungen ausgewirkt haben. Wählen Sie dazu unter Einstellungen je einmal das Drucklayout «**Ganzseitige Folien**» und Handzettel «**6 Folien vertikal**».	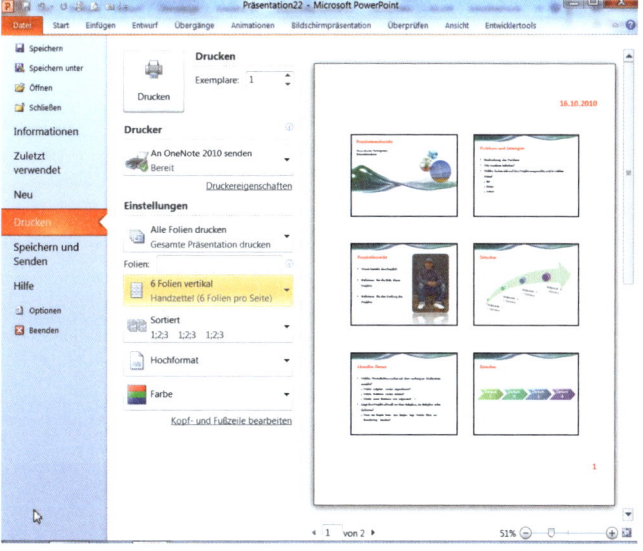
11	Schliessen Sie die Druckvorschau.	

25

Arbeiten mit Objekten

2

Präsentation

2.1 Registerkarte Einfügen

Für das Einfügen von Objekten steht Ihnen die Registerkarte **Einfügen** zur Verfügung. Eine weitere Möglichkeit besteht bekanntlich darin, je nach gewähltem Folienlayout direkt auf das gewünschte Symbol im Platzhalter zu klicken und so ein Objekt einzufügen.

So sieht das **Menüband Einfügen** aus:

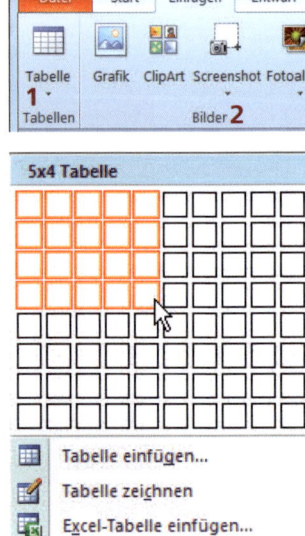

Aufziehen einer Tabelle
(5 × 4 Zeilen)

1 **Einfügen einer Tabelle.** Auf dem Bildschirm erscheint eine Matrix, in der Sie die gewünschte Anzahl Zeilen und Spalten aufziehen können.

2 **Bilder.** Einfügen von Grafik (Bilder), ClipArt, Screenshot und automatisches Erstellen eines Fotoalbums.

3 **Illustrationen.** Einfügen von Formen (Pfeile, Sterne usw.), SmartArts und Diagrammen.

4 **Einfügen von Hyperlinks,** die ein einfaches Verzweigen zu Internetseiten, zu Seiten in der aktuellen Präsentation oder zu Daten, die sich auf dem lokalen PC oder im Netz befinden, ermöglichen.

5 Unter **Aktion** können Sie weitere Aktionen wie Hyperlinks zu bestimmten Folien, Start von Programmen, Ausführung von Makros usw. bestimmen, indem Sie sie mit einem Mausklick auslösen oder indem sie beim Berühren mit der Maus ausgelöst werden.

6 **Textfeld.** Bevor Sie Text auf einer Folie eingeben können, benötigen Sie irgendeinen Platzhalter. Sofern nicht bereits durch die Vorlage des Folienlayouts entsprechende Platzhalter vorhanden sind, ziehen Sie ein Textfeld auf der Folie auf.

7 **Kopf- und Fusszeile.** In einer Dialogbox bestimmen Sie, was in der Kopf- bzw. Fusszeile stehen soll. Sie können Datum, Foliennummer und einen Kurztext als Fusszeile definieren. Die Platzierung dieser Elemente ist auch von den Einstellungen auf der Masterseite abhängig.

8 **WordArt.** Einfügen von Text in Kunstschriften, die sich vielfältig formatieren lassen. Im Modul Textverarbeitung/Textgestaltung finden Sie Grundsätzliches zum Einsatz von WordArt.

9 **Datum.** Sie können aus einer grossen Anzahl von Datums- und Zeitformaten auswählen und diese Angaben in Ihre Präsentation integrieren.

10 **Foliennummer.** Wechselt in die Dialogbox **Kopf- und Fusszeile**.

11 **Objekt.** Damit fügen Sie Objekte aus anderen Programmen ein. So können Sie z. B. Word-Dokumente oder Excel-Tabellen einbauen. Den Inhalt können Sie mit der Quellanwendung aktivieren. Wenn Sie die Datei verknüpfen, werden Änderungen in der Quelldatei in Ihre Präsentation übernommen.

12 **Symbole.** Einfügen: Benutzen Sie diesen Befehl, wenn Sie Formeln und Zeichen in die Präsentation einfügen wollen, welche auf der Tastatur nicht vorhanden sind.

13 **Medien.** Sie können Filme aus einer Datei oder bewegte ClipArt-Bilder einlesen. Bewegte ClipArts erkennen Sie am gelben Stern in der rechten unteren Ecke. Sie können Ihre Präsentation mit Sound aus einer Datei oder von einer CD-Audiospur unterlegen.

Hyperlinks definieren

2.2 Textfelder hinzufügen und verändern

Die Grösse und Position der Platzhalter auf der Folie werden durch das Folienlayout, so wie es auf der Masterseite definiert ist, vorgegeben. Die Platzhalter befinden sich bei einer neuen Folie also immer an der gleichen Stelle.
Soll auf einer Folie zusätzlicher Text erscheinen, beispielsweise weil Sie (zusätzliche) Anmerkungen anbringen wollen, so fügen Sie **Textfelder** ein. Sie können auch vorgegebene Platzhalter umplatzieren, in ihrer Grösse verändern oder löschen.

Register	**Einfügen**
Gruppe	Text
Befehl	Textfeld

Einfügen eines Textfeldes

So ziehen Sie ein Textfeld auf einer Folie auf:

Beim Aufziehen des Textfeldes wird der Cursor zu einem Kreuz. Sie ziehen mit der Maus nach rechts sowie nach unten und erstellen so das Textfeld.	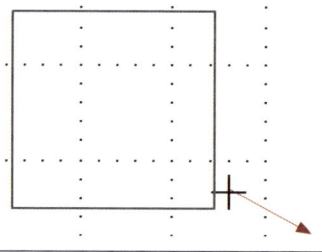
Der Rand des Textfeldes wird gestrichelt dargestellt. Der Textcursor zeigt Ihnen, dass Sie nun Text eingeben können.	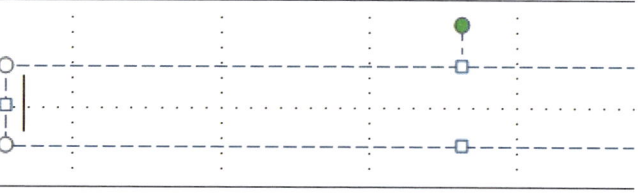
Das Textfeld erhält einen durchgehenden Rahmen, solange Sie nicht mit der Texteingabe fortfahren oder Text editieren.	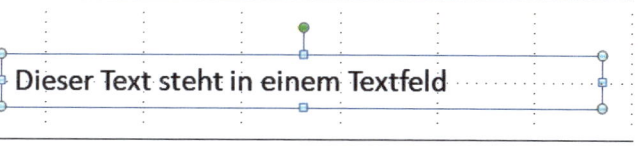
Durch einen Doppelklick auf den Rand des Textfeldes öffnet sich das Menüband **Format,** und Sie können das Textfeld auf vielfältige Weise formatieren. Am grünen Anfasser lässt sich ein Textfeld drehen.	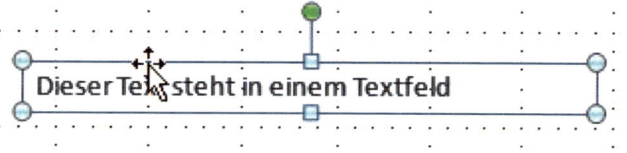

Präsentation

Wenn Sie Text im Textfeld formatiert haben und die gleichen Formatierungen auch in weiteren Textfeldern verwenden wollen, können Sie die Textformatierung als Standard festlegen. Klicken Sie mit der rechten Maustaste auf den Rand des Textfeldes, und wählen Sie **Als Standardtextfeld festlegen**.

Alle Textformatierungen können Sie entweder über das Menüband oder mit **Ctrl+Leer** auf den Standard zurücksetzen.

Register	Start
Gruppe	Schriftart
Befehl	Formatierung löschen

Schriftart auf Standard setzen

Aufgabe 5

Erstellen Sie die nebenstehende Folie. Wählen Sie als Folienlayout **Nur Titel**. Drehen Sie das Textfeld und formatieren Sie es. Fügen Sie der Folie verschiedene Hintergrundfarben oder ein Hintergrundbild, wie nachstehend beschrieben, bei.

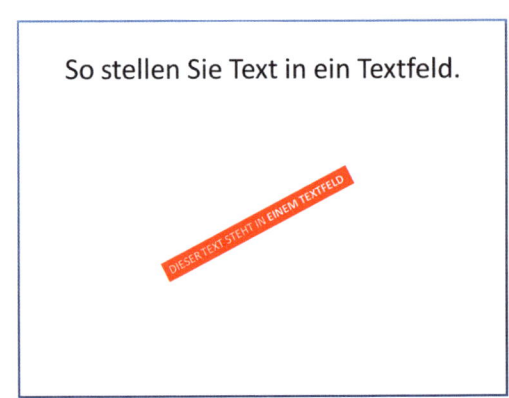

So fügen Sie einen Hintergrund ein:

Befehl	Kontextmenü durch Klick mit der rechten Maustaste am Rand der Folie aufrufen
Auswahl	Hintergrund formatieren

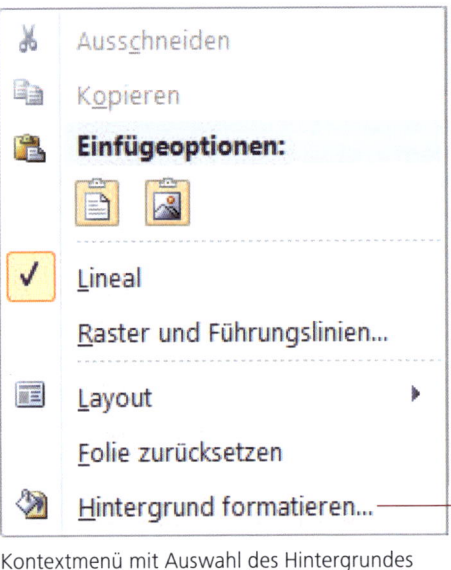

Kontextmenü mit Auswahl des Hintergrundes

- Klicken Sie mit der rechten Maustaste neben die Textfelder.
- Wählen Sie den letzten Eintrag: **Hintergrund formatieren**.
- In der sich öffnenden Dialogbox können Sie verschiedene Formatierungseinstellungen auswählen, aber auch ein Bild als Hintergrund einfügen. Achten Sie darauf, dass der Hintergrund zum Gesamtbild passt. Vergleichen Sie die folgenden Beispiele.

Dialogbox zur Gestaltung des Hintergrundes

Textfelder hinzufügen und verändern

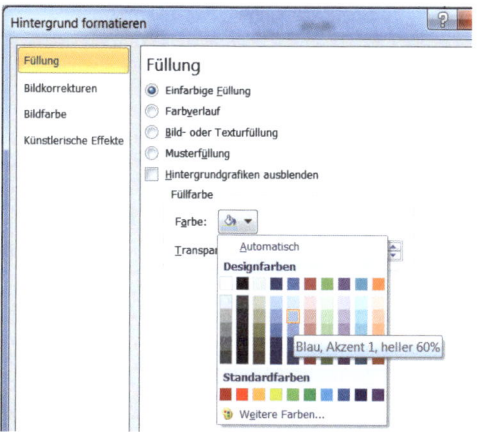 

Beispiel 1

Einstellungen für den Hintergrund Beispiel 1:
Blau Akzent 1, 60 %

Beispiel 2: Farbverlauf

Beispiel 3: Texturfüllung Eiche

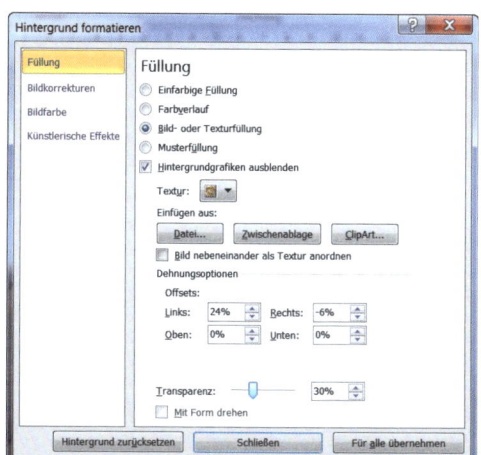

Beispiel 4: Formatierung des Hintergrundes Wüste mit den nebenstehenden Dehnungsoptionen

Einstellungen für den Hintergrund Beispiel 4

Präsentation

2.3 Formen einfügen, bearbeiten, verbinden und verändern

Register	**Einfügen**
Gruppe	**Illustrationen**
Befehl	**Formen**

Illustrationen starten

Anstelle von Textfeldern können Sie auch Formen auf Ihre Folie einfügen und diese Formen mit Text versehen sowie vielfältig formatieren. Sie finden einen grossen **Katalog von Formen** mit Sternen, Bannern, Feldern, Linien, Kreisen und Quadraten. Durch die Kombination solcher Formen steht Ihnen eine Vielzahl von Möglichkeiten offen, Zeichnungen aller Art zu erstellen.

Hier öffnen Sie den Katalog **Formen**

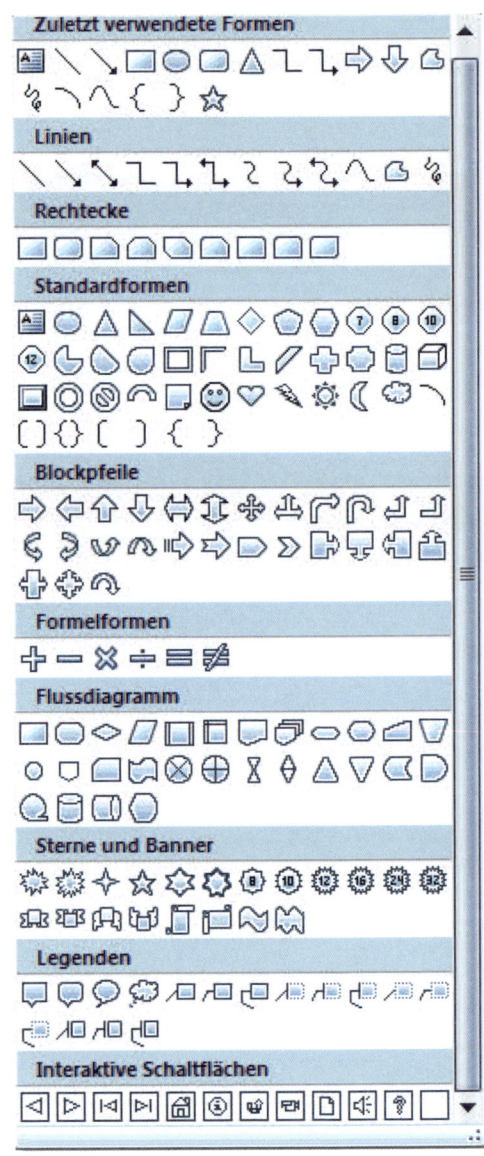

Beispiel:

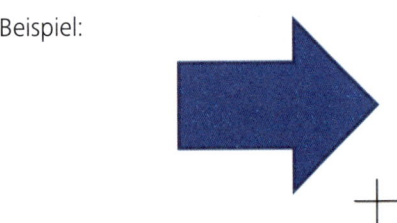

Klicken Sie auf die gewünschte Form. Der Cursor verwandelt sich in ein Kreuz, und Sie können die Form in der gewünschten Grösse aufziehen. Eine Form erhält verschiedene Ziehpunkte, mit denen Sie die Form bearbeiten können:

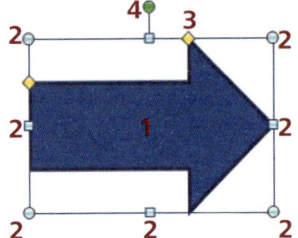

1 Form **Blockpfeile**, Pfeil nach rechts
2 **Ziehpunkte.** Die hellblauen Ziehpunkte verwenden Sie zum Ändern der Grösse einer Form. Drücken Sie beim Ziehen gleichzeitig die Shift-Taste, so bleibt die Form im gleichen proportionalen Verhältnis.
3 Mit den gelben diamantförmigen **Anpassungsziehpunkten** können Sie die Form verändern, ohne dass die Grösse der Form angepasst wird.
4 Mit dem grünen **Drehpunkt** können Sie den Drehwinkel der Form verändern.

Formen einfügen, bearbeiten, verbinden und verändern

Nachdem Sie eine Form eingefügt haben, stehen Ihnen in zwei Kontextmenüs viele Möglichkeiten offen, die Form oder den Text in der Form zu bearbeiten; teilweise führen beide Menüs in die gleiche Dialogbox:

▶ Rechtsklick neben den Text in der Form

1. Viele Formen sind gleichzeitig **Textfelder.** Sie können Texte in die Form schreiben und formatieren. Sie arbeiten präziser, wenn Sie Lineal und Raster auf der Folie eingeschaltet haben (Register Ansicht, Gruppe Einblenden/Ausblenden).
2. Einer Form können Sie in einer Präsentation einen **Hyperlink** zuweisen. Während der Präsentation können Sie mit einem Klick auf die Form einen Sprung innerhalb der Präsentation, auf eine Datei oder eine Internetseite definieren.
3. Eine Form können Sie als Grafik speichern und als Bild in andern Programmen weiterverwenden. Dazu stehen Ihnen die wichtigsten **Grafikformate** wie JPEG, TIFF, Windows-Metadatei zur Verfügung.
4. Bei jedem Einfügen einer Form wählt PowerPoint ein **Standardformat,** sodass Sie beispielsweise immer die gleiche Füllung haben. Um nicht bei jeder Form Füllung, Schatten, Konturen usw. ändern zu müssen, setzen Sie eine vorhande Form als Standardwert.
5. Sie können genaue Grösseneinstellungen für die Form vornehmen und die Position der Form auf der Folie präzise durch die Eingabe von Werten bestimmen.
6. Verzweigt in die Dialogbox **Form formatieren,** um weitere Formatierungen der Form vornehmen zu können.

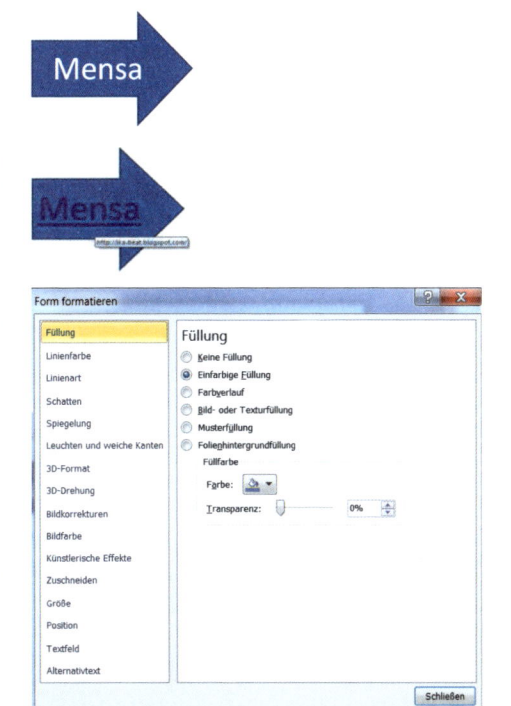

Form formatieren

Rechtsklick neben den Text in der Form öffnet dieses Kontextmenü

▶ Rechtsklick in den Text der Form

1. Formen lassen sich in eine SmartArt-Grafik umwandeln, was der Präsentation ein professionelleres Aussehen vermitteln kann. SmartArt-Grafiken können wiederum auf verschiedene Arten formatiert werden. Nach der Umwandlung erscheint in PowerPoint das Menüband **SmartArt-Tools,** mit vielen Formatierungsmöglichkeiten.
2. Öffnet eine Textbox, um Texte auf vielfältige Art zu formatieren. Wichtig sind auch die Möglichkeiten, den Text innerhalb der Form ausrichten zu können **(Innerer Seitenrand).**
3. Wie der Name sagt, formatieren Sie damit die Form, nicht aber den Text einer Form. Es stehen vielfältige Möglichkeiten zur Verfügung.

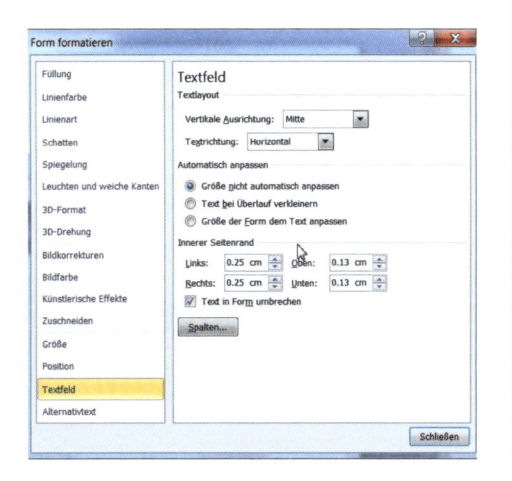

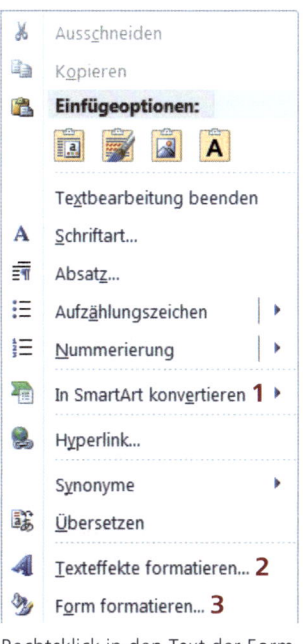

Rechtsklick in den Text der Form öffnet dieses Kontextmenü

Präsentation

Formen verschieben oder kopieren und ausrichten

Sie können Formen und andere grafische Elemente wie Fotos oder ClipArts verschieben oder kopieren, indem Sie sie auf der Folie ganz einfach an einen andern Ort ziehen. Mehrere Formen können Sie gleichzeitig verschieben oder kopieren, indem Sie die Objekte zuerst markieren. Das geht schneller, als wenn Sie dazu die Zwischenablage verwenden.

▶ Verschieben

Mit den Pfeiltasten NACH-OBEN, NACH-UNTEN, NACH-RECHTS oder NACH-LINKS können Sie die Form in die gewünschte Richtung verschieben. Wenn Sie die Form nur in sehr kleinen Schritten verschieben möchten (Präzisionsausrichtung), halten Sie die Ctrl-Taste gedrückt, während Sie die Form mit der NACH-OBEN-, der NACH-UNTEN-, der NACH-RECHTS- oder der NACH-LINKS-TASTE verschieben.

Mit der linken Maustaste können Sie die Form am Raster verschieben. Wenn Sie die Form nur in sehr kleinen Schritten verschieben möchten (Präzisionsausrichtung), halten Sie die Alt-Taste gedrückt, während Sie die Form mit der Maus bewegen.

Wenn Sie die Form auf der gleichen Fluchtlinie verschieben wollen, halten Sie die Shift-Taste gedrückt, während Sie die Form mit der Maus bewegen.

▶ Kopieren

Mit gedrückter Ctrl-Taste und der linken Maustaste können Sie die Form kopieren.

Wenn Sie **Ctrl+Shift** gedrückt halten, wird die Form auf der gleichen Fluchtlinie kopiert. Diese Technik empfehlen wir Ihnen, wenn Sie beispielsweise Organigramme oder Prozessabläufe auf einer Folie festhalten wollen.

Mit der Tastenkombination **Ctrl+D** duplizieren Sie die markierte Form. Wenn Sie eine Reihe gleicher Formen erzeugen müssen, ziehen Sie die duplizierte Form auf die gewünschte Position. Weitere Formen werden mit **Ctrl+D** im gleichen Abstand eingefügt.

Wenn eine Form oder ein grafisches Objekt in ein anderes Programm übernommen werden soll, dann benützen Sie in der Regel die Zwischenablage.

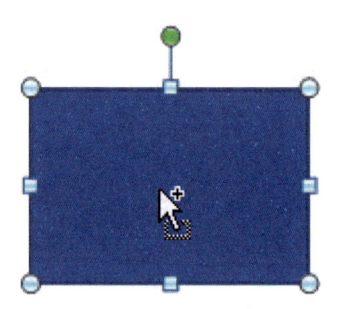

Beim Kopieren eines grafischen Elementes erhält der Cursor eine andere Form mit Rechteck und +-Zeichen.

▶ Ausrichten

Wenn Sie mehrere Formen ausrichten wollen, markieren Sie die Formen und wählen die Funktion **Ausrichten** im Register **Format**.

Formen einfügen, bearbeiten, verbinden und verändern

▶ Raster (Gitternetzlinien) und Zeichnungslinien

Raster (Gitternetzlinien) sind Linien, die zur Ausrichtung von Objekten verwendet werden. Sie erleichtern Ihnen das Ausrichten von Formen und anderen Objekten. Sie können den Abstand in deren Rastereinstellungen definieren.

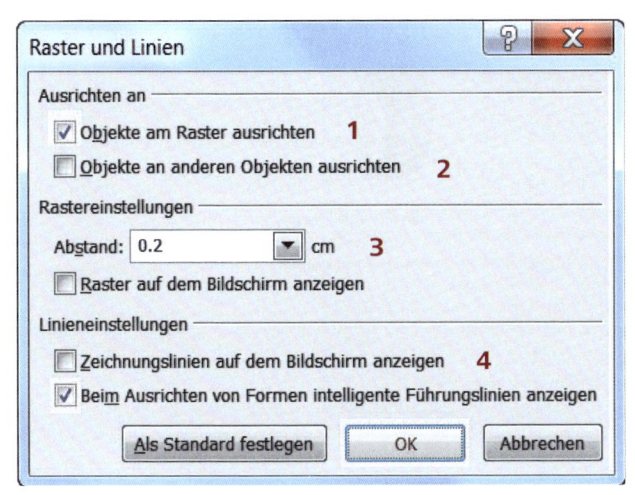

Objekt (Form, Bild, ClipArt)	Markieren
Register	**Bildtools oder SmartArt-Tool oder Zeichentools**
Gruppe	Anordnen
Befehl	Ausrichten
Befehl	Rastereinstellungen

Die Dialogbox Rastereinstellungen aufrufen

Einstellungen für Platzierungshilfen mittels Raster und Linien

1. Diese Einstellung bewirkt, dass Objekte grundsätzlich am Raster ausgerichtet werden. Wenn Sie jedoch beim Verschieben eines Objektes die Funktion nicht benützen wollen, drücken Sie beim Ziehen des Objektes die Alt-Taste.
2. Aktivieren Sie dieses Kontrollkästchen, um Formen an anderen Formen auszurichten.
3. Sie bestimmen den Abstand der Rasterlinien.
4. Mit den Linieneinstellungen (genannt **Zeichnungslinien**) können Sie selber Hilfslinien und deren Stellung auf dem Bildschirm definieren.

Beim Aktivieren von Führungslinien (Register **Ansicht**) erscheint je eine waagrechte und eine senkrechte Zeichnungslinie auf dem Bildschirm auf dem Nullpunkt des Lineals. Die Folie wird also in vier Quadrate eingeteilt. Sie können die Linien mit der Maustaste fassen und verschieben. Bei gleichzeitigem Drücken der Ctrl-Taste werden die Linien kopiert, sodass Sie ein von Ihnen gewünschtes Netz auf der Folie erhalten.

Tipp: Zeichnungslinien können Sie rasch mit der Tastenkombination **ALT+F9** ein- und ausschalten.

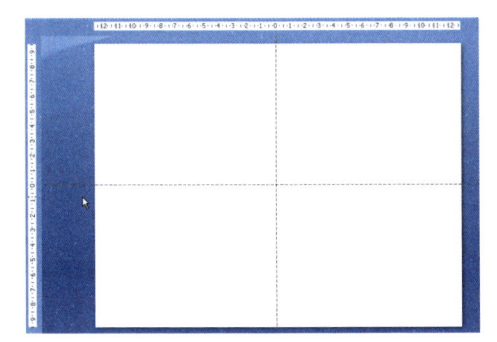

Zeichnungslinien nach Einschalten der Funktion

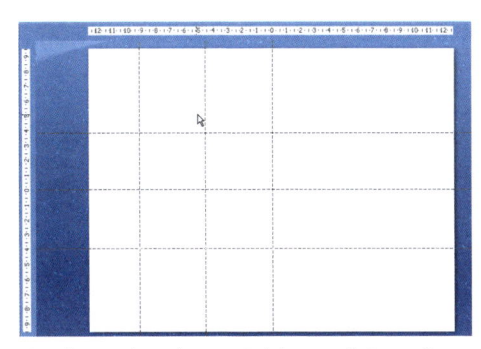

Einteilung mit mehreren Zeichnungslinien auf einer Folie

35

Präsentation

Aufgabe 6

Stellen Sie die folgende Folie mit Formen und Texten dar. Das Bild lesen Sie als Grafik ein. Sie befindet sich auf der CD zum Lehrmittel.

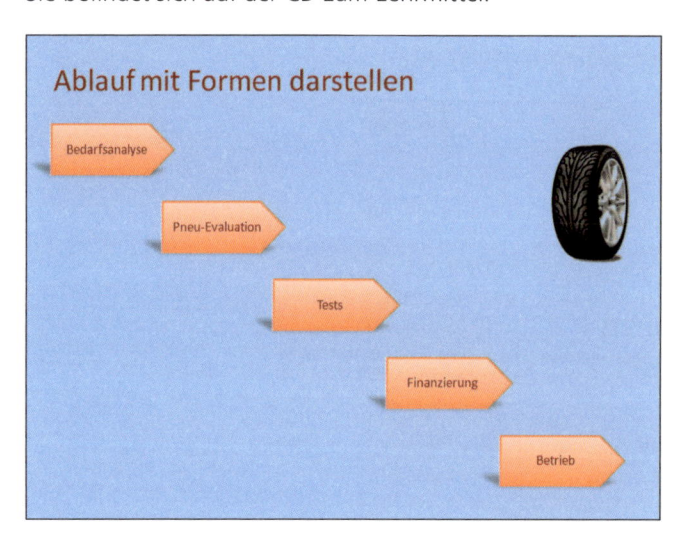

Hinweise zur Gestaltung:

Folienlayout	Nur Titel
Titel	**Absatz** linksbündig, **Schriftart** 32 Punkt, Farbe Rot
Folienhintergrund	**einfarbige Füllung,** Farbe Blau, Akzent 1, heller 60 %, Transparenz 44 %
Formen	einfügen, kopieren, anordnen (oder duplizieren) und beschriften
Formen formatieren	**Füllung** Farbverlauf, Farbe Orange Akzent 6, heller 40% **Linienfarbe** einfarbige Linie, Farbe Orange Akzent 6, heller 40% **Linienart** Breite 2,5 Punkt **Schatten** perspektivisch diagonal oben links
Bild (Pneu)	einfügen und mit der Funktion **Freistellen** (im Register Format) formatieren

Register	**Bildtools oder Zeichentools Format**
Gruppe	Anordnen
Befehl	Ausrichten

Aufruf der Dialogbox Ausrichten

Sie können einzelne Objekte besser platzieren, wenn Sie die Funktion **Ausrichten** verwenden. Wichtig ist nämlich, dass die Objekte in gleichmässigen Abständen auf gleicher Höhe erscheinen.

Zum Ausrichten müssen Sie die Objekte markieren. Dann rufen Sie nebenstehende Dialogbox auf.

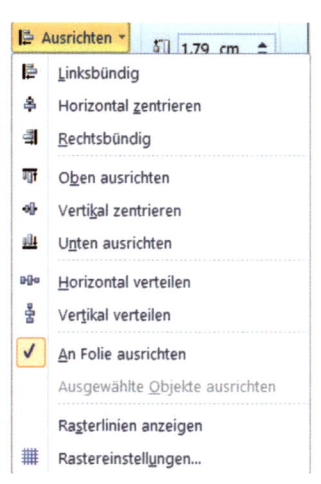

Die Dialogbox Ausrichten

36

Formen einfügen, bearbeiten, verbinden und verändern

Wählen Sie für die folgende Folie das Folienlayout **Nur Titel.** Den Text schreiben Sie direkt in die Objekte.

Eine solche Folie können Sie dank der Kopiertechnik der einzelnen Objekte sehr rasch erstellen. Sobald Sie ein Objekt auf der Folie platziert haben, können Sie es kopieren. Drücken Sie dabei die Ctrl- und die Shift-Taste, womit sich die Objekte in der horizontalen oder vertikalen Ausrichtung nicht verschieben. Ordnen Sie die Objekte mit den Funktionen in **Zeichentools > Format > Ausrichten** gleichmässig an.

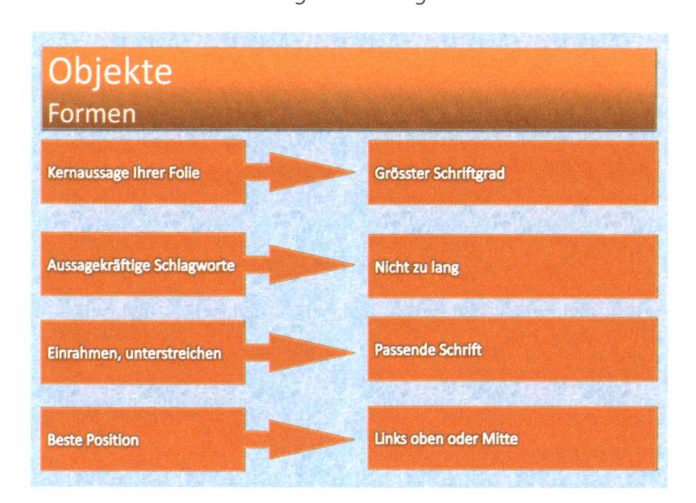

Aufgabe 7

Verändern Sie die Formen mithilfe der Schnellformatvorlagen. Mit einigen wenigen Mausklicks können Sie so das Aussehen der Folie anpassen.

Alle Objekte	Markieren
Register	**Zeichentools Format**
Gruppe	Formenarten
Befehl	Auswahl

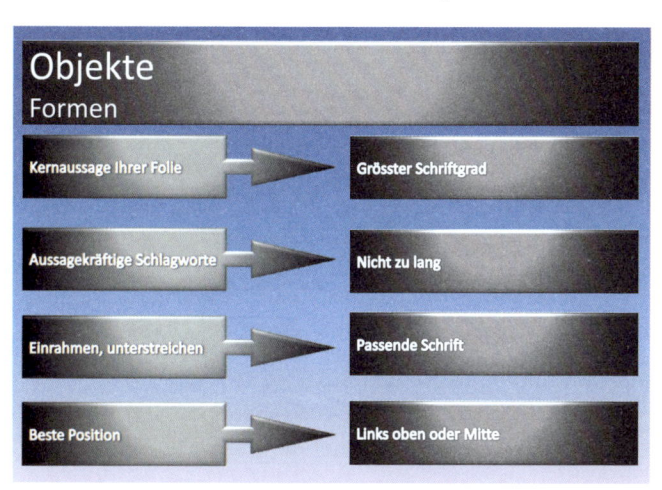

Präsentation

Register	**Einfügen**
Gruppe	Illustrationen
Befehl	Formen
Eintrag	Linien

Aufruf von Linien zum Verbinden von Formen

Formen verbinden

Um einen Ablauf darzustellen, können Sie die Formen in PowerPoint verbinden. Dies geschieht mit sogenannten Verbindungslinien, und zwar so, dass sich beim Verschieben von Objekten auch die Linien entsprechend anpassen. Wenn Sie Verbindungslinien benutzen, haben Sie zusätzlich den Vorteil, dass die Linien immer im Mittelpunkt der Form ansetzen. Diese Linien stehen zur Verfügung:

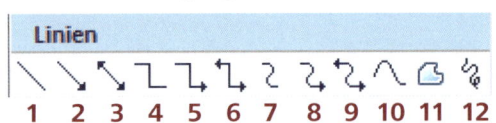

1 Linie
2 Pfeil
3 Doppelpfeil
4 Gewinkelte Verbindung
5 Gewinkelte Verbindung mit Pfeil
6 Gewinkelte Verbindung mit Doppelpfeil
7 Gekrümmte Verbindung
8 Gekrümmte Verbindung mit Pfeil
9 Gekrümmte Verbindung mit Doppelpfeil
10 Kurve
11 Freihandform
12 Skizze

Aufgabe 8

Erstellen Sie die nachstehende Folie. Als Folienlayout wählen Sie **Leer**. Verbinden Sie die Formen mit den geeigneten Linien (gewinkelte Verbindung mit Pfeil).

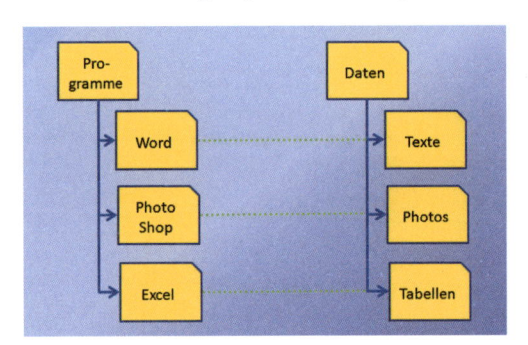

Folie mit Verbindungen

Gehen Sie wie folgt vor:

- Markieren Sie die Form.
- Wählen Sie die gewünschte Linie und zeigen Sie auf den Anfasser.
- Ziehen Sie die Linie zur gewünschten Form, wiederum auf den roten Punkt.
- Formatieren Sie die Linie mit den Werkzeugen, die Sie in der Registerkarte **Zeichentools Format** finden.

So verbinden Sie die Elemente:

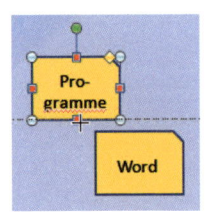

Der Cursor wird zum Kreuz. Sie ziehen vom roten Ziehpunkt der einen Form zum roten Ziehpunkt der anderen Form.

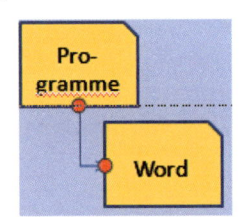

Nach dem Verbinden werden die Ziehpunkte in Kreisform dargestellt.

Formen einfügen, bearbeiten, verbinden und verändern

Das Menüband Zeichentools, Register Format

Mit den Befehlen dieses Menübandes können Sie das Aussehen der von Ihnen gewählten Formen bestimmen.

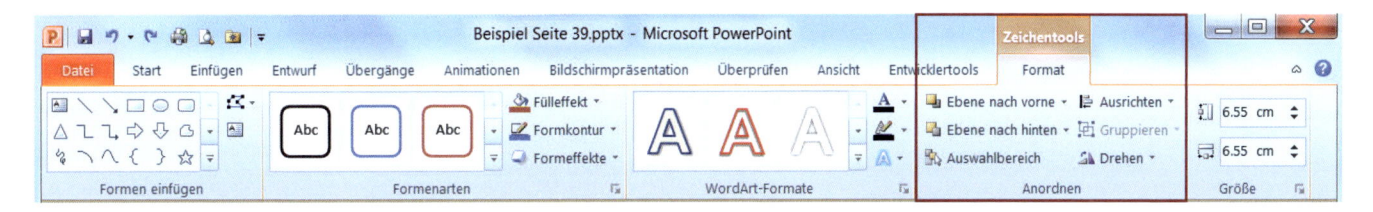

▶ Vordergrund und Hintergrund

Beachten Sie, dass Objekte übereinandergestellt werden können. In der Gruppe **Anordnen** können Sie die Reihenfolge solcher Objekte bestimmen.

Beispiel:

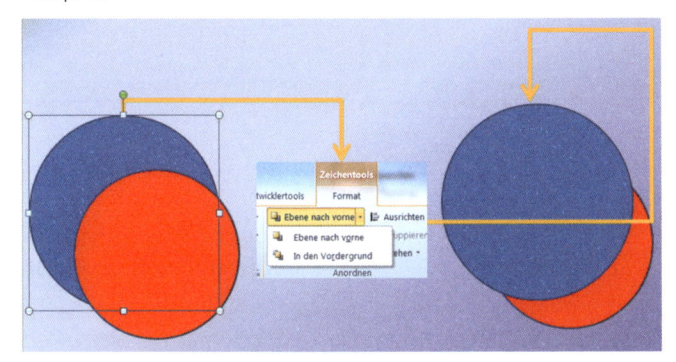

Wechseln der Reihenfolge zweier Formen

▶ Gruppieren von Formen

Wenn Sie mehrere grafische Elemente auf einer Folie haben, wird das Markieren, Verschieben und Platzieren umständlich. Es lohnt sich deshalb, die Elemente zu gruppieren und aus mehreren Elementen ein einziges Element zu machen. Bei Bedarf können Sie die Gruppierung wieder aufheben.

Markieren	Markieren Sie die zu gruppierenden Objekte.
Befehl	Kontextmenü mit rechter Maustaste aktivieren
Befehl	Gruppieren
Befehl	Gruppieren bzw. Gruppierung aufheben

Gruppieren grafischer Objekte

Register	**Start**
Gruppe	**Zeichnung**
Befehl	**Anordnen**
Befehl	**Gruppieren bzw. Gruppierung aufheben oder Gruppieren wiederherstellen**

Alternative Möglichkeit Gruppieren

Präsentation

| Aufgabe 9 | Zeichnen Sie mit der vorangehend beschriebenen Technik (zwei Formen übereinanderlegen) einen Mond auf eine Folie: |

Meine Mondzeichnung

Eigene Objekte zeichnen

Um Ablaufpläne, Zeitplanungen, Prozesse, Ablauforganisationen, schematische Darstellungen und Ähnliches auf einer Folie zu zeichnen, können Sie die **Linien Freihandform, Kurve** oder **Skizze** zur Darstellung eigener Formen verwenden.

Um Vielecke zu zeichnen, klicken Sie mit der Freihandform auf die Zeichenfläche. Sie setzen damit den ersten Punkt und klicken jedesmal auf die gewünschte Stelle, um weitere Punkte zu setzen. Änderungen können Sie jederzeit mit dem Befehl **Punkte bearbeiten** vornehmen. Damit werden die gesetzten Punkte auf dem Bildschirm sichtbar:

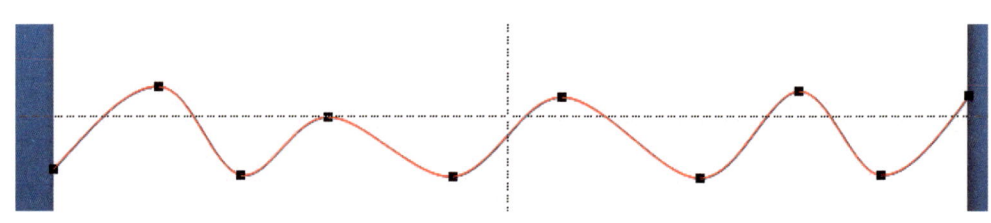

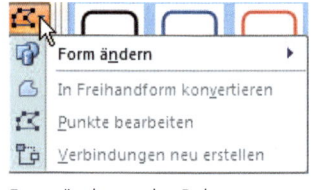

Form ändern oder Rahmenpunkte bearbeiten

Um der Form weitere Punkte hinzuzufügen, klicken Sie auf die Linie. Zum Löschen von Punkten drücken Sie zusätzlich die **Ctrl-Taste.** Ein Klick auf die rechte Maustaste öffnet weitere Punktbearbeitungsbefehle.

Register	**Zeichentools Format**
Gruppe	**Formen einfügen**
Befehl	Form bearbeiten

Form ändern oder Rahmenpunkte bearbeiten

Formen einfügen, bearbeiten, verbinden und verändern

Gestalten Sie die folgende Folie:

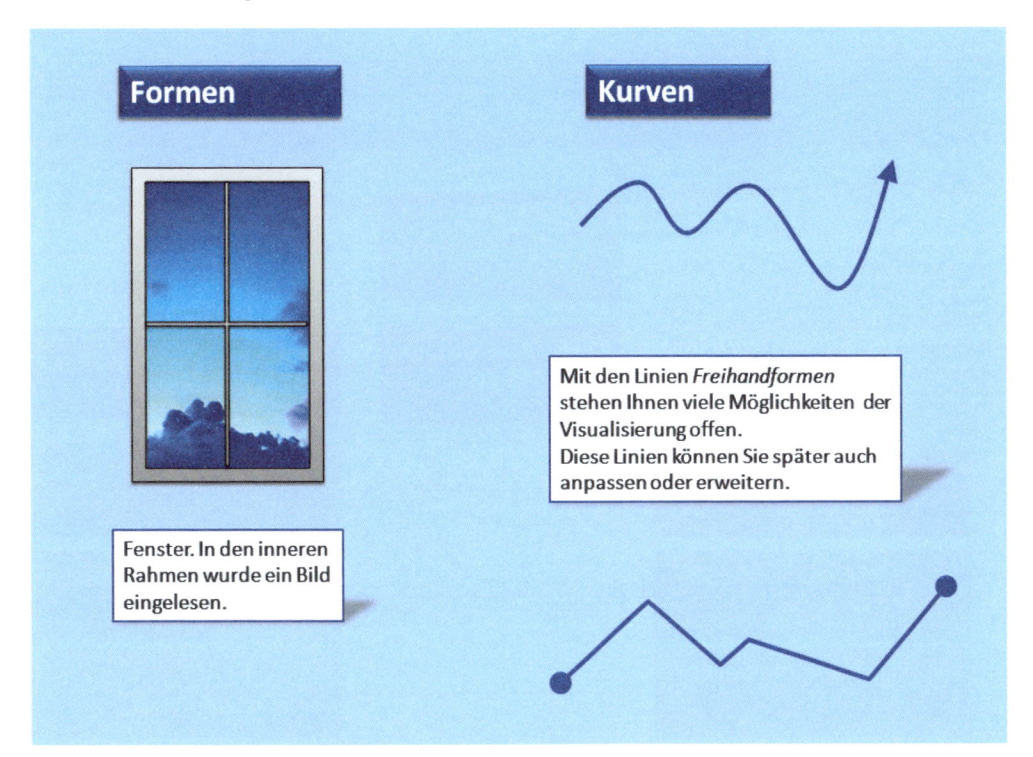

Aufgabe 10

Tipp: Mit **Esc** beenden Sie das Zeichnen von Kurven.

Gestalten Sie die folgende Folie. Im oberen Teil fügen Sie ein (ähnliches) Bild aus den Beispielbildern von Windows ein. Die Welle fügen Sie mit den Freihandformen ein.

Aufgabe 11

Register	**Einfügen**
Gruppe	**Bilder**
Befehl	Grafik

Bild im oberen Teil der Folie einfügen

41

Präsentation

Aufgabe 12

Gestalten Sie das nachstehende Organigramm durch Einfügen von Formen und Verbindungen. Beachten Sie dazu die ergänzenden Hinweise.

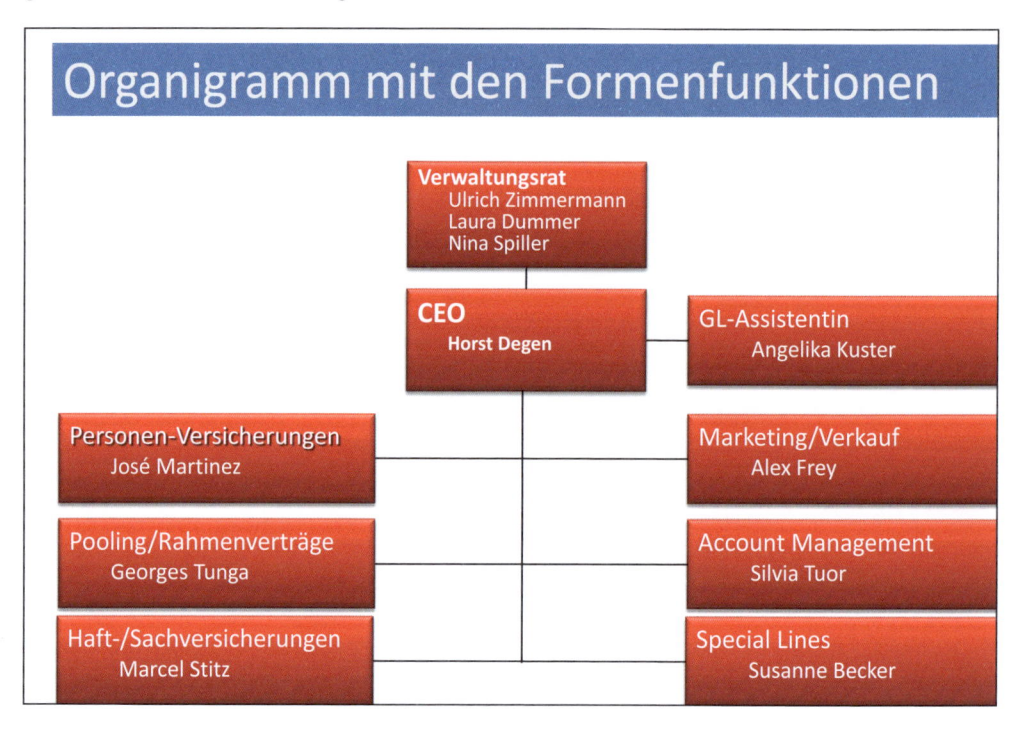

Organigramm mit den Formenfunktionen

Verwaltungsrat
Ulrich Zimmermann
Laura Dummer
Nina Spiller

CEO
Horst Degen

GL-Assistentin
Angelika Kuster

Personen-Versicherungen
José Martinez

Marketing/Verkauf
Alex Frey

Pooling/Rahmenverträge
Georges Tunga

Account Management
Silvia Tuor

Haft-/Sachversicherungen
Marcel Stitz

Special Lines
Susanne Becker

Ergänzende Hinweise

- Organigramme lassen sich mit SmartArts ebenfalls erstellen. SmartArts wirken etwas professioneller, eignen sich aber nicht für jede Darstellungsform. Die Gestaltung eines Organigramms mit SmartArt erklären wir Ihnen in einem nächsten Kapitel.
- Wichtig ist, dass Sie die Markierungsfunktionen zweckmässig einsetzen. Alle Objekte einer Folie markieren Sie am schnellsten mit der Tastenkombination **Ctrl+A**. Mehrere Objekte markieren Sie gleichzeitig, indem Sie mit gedrückter Ctrl-Taste auf die Objekte klicken. Beieinanderstehende Objekte markieren Sie mit dem Markierungsrahmen, indem Sie mit gedrückter linker Maustaste die gewünschten Objekte «einfangen».

Register	**Start**
Gruppe	**Bearbeiten**
Befehl	Markieren

Hier finden Sie weitere Markierungshilfen.

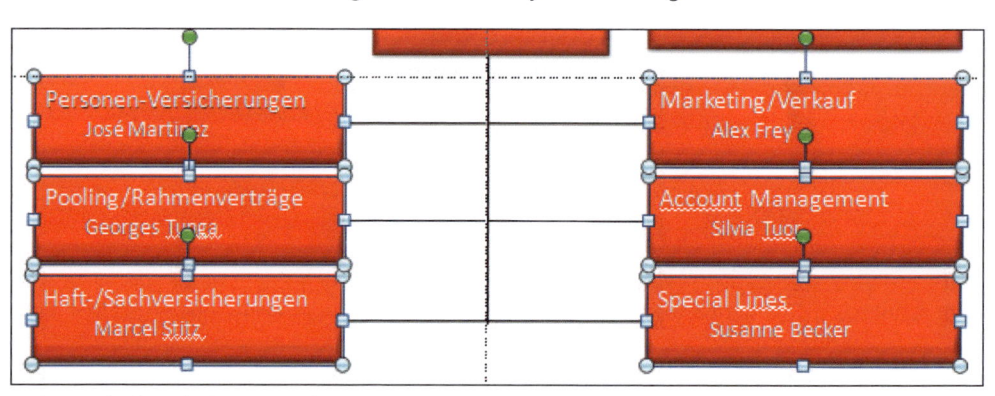

Mehrere Objekte gleichzeitig markieren

- Bedenken Sie, dass Sie auch bei den Zeichenformaten die Möglichkeit haben, mehrere gruppierte Texte zu markieren und Formatierungen so über grössere Bereiche vorzunehmen:

Register	**Zeichentools Format**
Gruppe	Anordnen
Befehl	Ausrichten

Um mehrere unterbrochene Texte gleichzeitig zu markieren, drücken Sie die **Ctrl-Taste**. So formatieren Sie die markierten Texte in einem Zug.

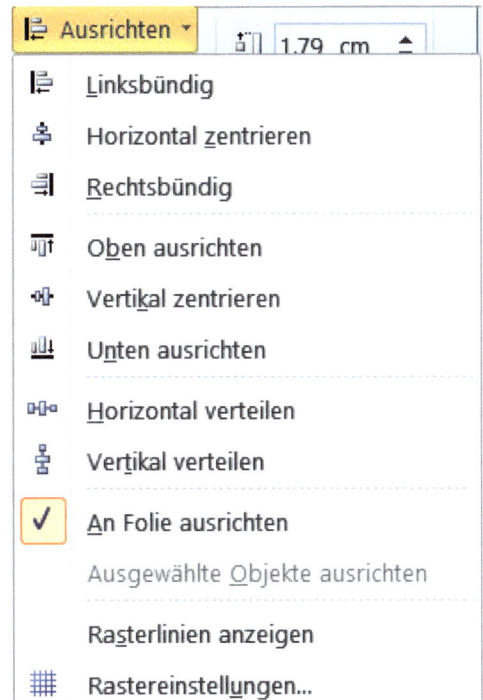

Wenn Sie Objekte verbinden, so sollten sie genau ausgerichtet sein. Sonst entstehen schräge Linien. Zum genauen Ausrichten stehen Ihnen diese Hilfsmittel im Menü des Befehls **Ausrichten** zur Verfügung.

Präsentation

2.4 Einfügen von Tabellen

Kennen Sie die Tabellenfunktionen in Word? Wenn ja, dann bereitet Ihnen der Umgang mit Tabellen und Tabulatoren in PowerPoint keine Probleme. Die Funktionen sind ziemlich identisch.

Mit den Tabellenfunktionen können Sie D aten auf einfache Art strukturiert darstellen. Achten Sie aber darauf, dass Folien nicht mit grossen Datenmengen gefüllt werden. Diese Gefahr besteht beim Einsatz von Tabellen. Sofern Sie ein Folienlayout mit Inhaltplatzhaltern verwenden (Titel und Inhalt, Zwei Inhalte, Vergleich oder Inhalt mit Überschrift), können Sie auf die Schaltfläche **Tabelle einfügen** klicken. Nun bestimmen Sie die Anzahl Zeilen und Spalten, die Sie später immer noch ändern können. Aufgrund Ihrer Eintragungen erstellt PowerPoint die Tabellenstruktur.

Register	**Einfügen**
Gruppe	**Tabellen**
Befehl	**Tabelle**

▶ **Tabelle aus der Registerkarte Einfügen erstellen**

Wenn Sie eine Tabelle über das Register **Einfügen** aktivieren, so können Sie die Anzahl Spalten und Zeilen in einer Matrix wählen. Ziehen Sie die Matrix von links oben nach rechts unten auf. Wie Sie aus der Dialogbox **Tabelle einfügen** sehen, können Sie auch Tabellen (Zeilen und Spalten) zeichnen oder als Objektverknüpfung eine Excel-Tabelle erstellen, wenn Sie in der Tabelle rechnen wollen.

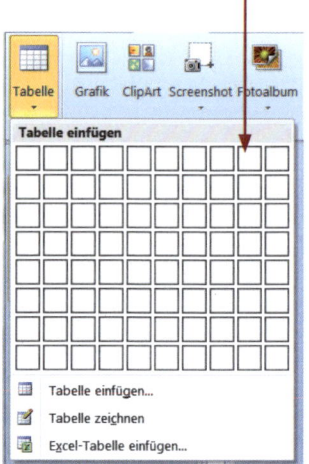

Tabelle einfügen über das Register **Einfügen**

▶ **Eingeben von Informationen in die Tabelle**

Sie können jede einzelne Zelle mit Daten (Texte, Werte oder grafische Elemente) füllen. Drücken Sie die Tabuliertaste, wenn Sie in die nächste Zelle springen wollen; um eine Zelle zurückzuspringen, drücken Sie **Shift+Tab**. Im Menüband **Tabellentools Entwurf** verfügen Sie über leistungsfähige Formatierungswerkzeuge. Dieses Menüband öffnet sich automatisch, wenn Sie in der Tabelle arbeiten oder wenn die Tabelle markiert ist. Ein Klick auf die rechte Maustaste innerhalb der Tabelle öffnet ein Kontextmenü mit den häufigsten Tabellenbefehlen.

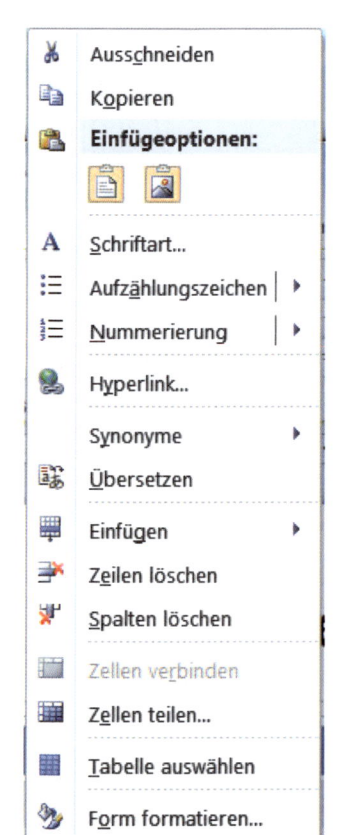

▶ **Markieren von Spalten und Zeilen**

Zum Markieren von Spalten und Zeilen zeigen Sie oben oder links von der Tabelle auf die entsprechende Spalte oder Zeile oder fahren Sie mit dem Zeiger über mehrere Spalten oder Zeilen. Dabei erscheint ein kleiner schwarzer Pfeil. Ein Linksklick löst die Markierung aus.

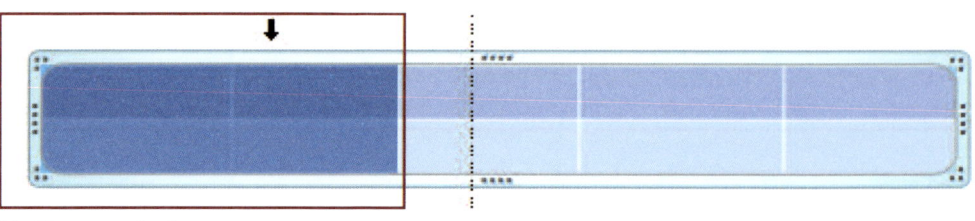

Markieren von Spalten

Einfügen von Tabellen

▶ **Tabulatoren**

Wenn Sie in Tabellen arbeiten, ändert sich das Lineal. In den einzelnen Zellen stehen Links-, Zentrier-, Dezimal- und Rechtstabulator zur Auswahl. Ferner sind Einzüge möglich. Beim Tabulieren innerhalb von Tabellenzellen müssen Sie die Tastenkombination **Ctrl+Tabuliertaste** betätigen.

Tabulatorauswahl
Einzüge
Tabstopps

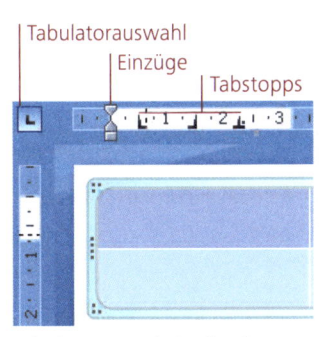

Tabulatoren und Einzüge im Tabellenlineal

Das Menüband Tabellentools, Register Entwurf

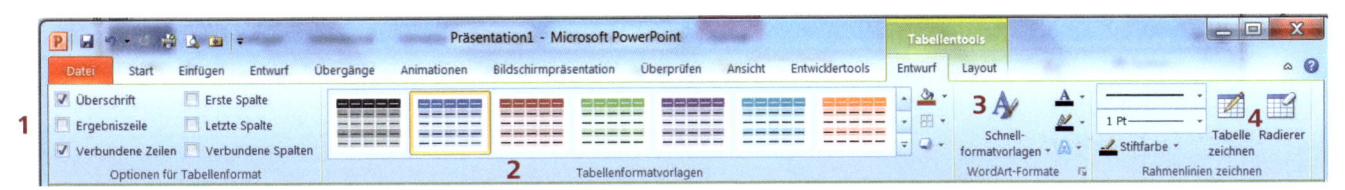

Tellspiele Interlaken
Spielplan 2010

Wochentag	Datum	Bemerkung	Wochentag	Datum	Bemerkung
Donnerstag	17. Juni	Schüler	Donnerstag	5. August	
Dienstag	22. Juni	Schüler	Samstag	7. August	
Donnerstag	24. Juni	Première	Donnerstag	12. August	
Donnerstag	1. Juli		Samstag	14. August	
Donnerstag	8. Juli		Sonntag	15. August	Nachmittag
Donnerstag	15. Juli		Donnerstag	19. August	
Samstag	17. Juli		Samstag	21. August	
Donnerstag	22. Juli		Donnerstag	26. August	Schüler
Samstag	24. Juli		Samstag	28. August	
Donnerstag	29. Juli		Donnerstag	2. September	Schüler
Samstag	31. Juli		Samstag	4. September	Dernière

1 Hier können Sie die Gestaltung einzelner Zeilen und Spalten (Überschriftzeile, Ergebniszeile = letzte Zeile, erste und letzte Spalte) automatisch formatieren. Setzen Sie wo notwendig das Häkchen. In unserem Beispiel ist die Überschriftzeile aktiviert, was eine Farbveränderung und eine Veränderung der waagrechten Linie zur Folge hat.

2 In den Tabellenformatvorlagen können Sie passende Layouts aus dem Katalog wählen. In der Livevorschau sehen Sie, wie sich die Tabelle verändert. Beachten Sie auch die Beispiele auf der nächsten Seite.

3 Anpassen der Schrift durch WordArt-Elemente.

4 Anpassen von Rahmenlinien und Zeichnen von Tabellen.

Präsentation

Aufgabe 13 Erstellen Sie die Beispieltabelle oder laden Sie die Aufgabe 13 von der CD: Tellspiele Interlaken, Tabellenbeispiel 1. Ändern Sie die Gestaltung mit den vorangehend beschriebenen Mitteln.

Beispiel 1

Tellspiele Interlaken
Spielplan 2010

Wochentag	Datum	Bemerkung	Wochentag	Datum	Bemerkung
Donnerstag	17. Juni	*Schüler*	Donnerstag	5. August	
Dienstag	22. Juni	*Schüler*	Samstag	7. August	
Donnerstag	24. Juni	*Première*	Donnerstag	12. August	
Donnerstag	1. Juli		Samstag	14. August	
Donnerstag	8. Juli		Sonntag	15. August	*Nachmittag*
Donnerstag	15. Juli		Donnerstag	19. August	
Samstag	17. Juli		Samstag	21. August	
Donnerstag	22. Juli		Donnerstag	26. August	*Schüler*
Samstag	24. Juli		Samstag	28. August	
Donnerstag	29. Juli		Donnerstag	2. September	*Schüler*
Samstag	31. Juli		Samstag	4. September	*Dernière*

Beispiel 2

Tellspiele Interlaken
Spielplan 2010

Wochentag	Datum	Bemerkung	Wochentag	Datum	Bemerkung
Donnerstag	17. Juni	Schüler	Donnerstag	5. August	
Dienstag	22. Juni	Schüler	Samstag	7. August	
Donnerstag	24. Juni	Première	Donnerstag	12. August	
Donnerstag	1. Juli		Samstag	14. August	
Donnerstag	8. Juli		Sonntag	15. August	Nachmittag
Donnerstag	15. Juli		Donnerstag	19. August	
Samstag	17. Juli		Samstag	21. August	
Donnerstag	22. Juli		Donnerstag	26. August	Schüler
Samstag	24. Juli		Samstag	28. August	
Donnerstag	29. Juli		Donnerstag	2. September	Schüler
Samstag	31. Juli		Samstag	4. September	Dernière

Register	**Entwurf Tabellentools**
Gruppe	**Tabellen- formatvorlagen**
Befehl	**Tabelleneffekte**
Befehl	**Zellen- abschrägung**

Beispiel 3

Tellspiele Interlaken
Spielplan 2010

Wochentag	Datum	Bemerkung	Wochentag	Datum	Bemerkung
Donnerstag	17. Juni	Schüler	Donnerstag	5. August	
Dienstag	22. Juni	Schüler	Samstag	7. August	
Donnerstag	24. Juni	Première	Donnerstag	12. August	
Donnerstag	1. Juli		Samstag	14. August	
Donnerstag	8. Juli		Sonntag	15. August	Nachmittag
Donnerstag	15. Juli		Donnerstag	19. August	
Samstag	17. Juli		Samstag	21. August	
Donnerstag	22. Juli		Donnerstag	26. August	Schüler
Samstag	24. Juli		Samstag	28. August	
Donnerstag	29. Juli		Donnerstag	2. September	Schüler
Samstag	31. Juli		Samstag	4. September	Dernière

Formatiert mit Zellabschrägung, leichte Absenkung

2.5 Diagramme erstellen

Zahlen ausdrucksvoll darstellen

In einer Präsentation werden Zahlen wirksamer mit Diagrammen als in Tabellen dargestellt. Weil PowerPoint 2010 auf Excel zurückgreift, stehen Ihnen die gleichen Möglichkeiten zur Verfügung. Allerdings sollten Sie darauf achten, dass die Betrachter bei einer Präsentation kaum Zeit haben, umfangreiche Diagramme zu analysieren. Einfache Säulen- und Tortendiagramme mit fünf bis sieben Informationen können die Zuschauer erfassen. Verzichten Sie auf Schnickschnack, Sie erhöhen damit die Aussagekraft Ihrer Folie.

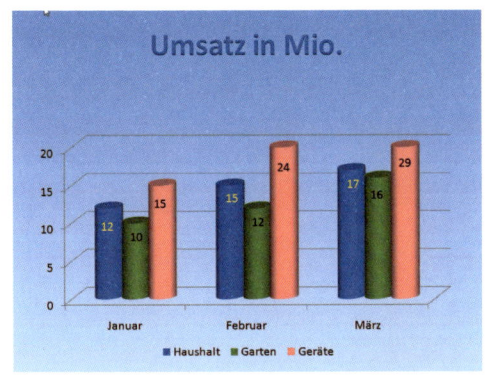

Auf dieser Folie sind zu viele Informationen.

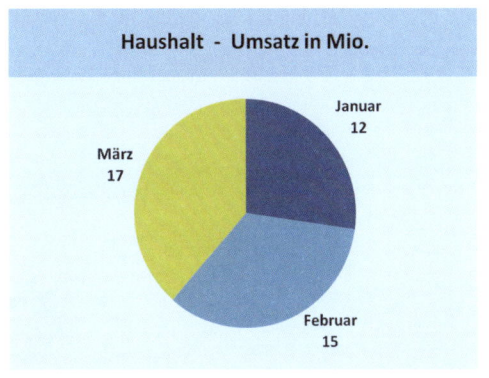

Wenig Informationen – wirksam und überschaubar

Register	**Einfügen**
Gruppe	Illustrationen
Befehl	Diagramm

So gehen Sie vor:

Wenn Sie in PowerPoint ein Diagramm einfügen, wird Excel automatisch in einem Fenster aktiv. Die in Excel eingegebenen Daten für das Diagramm werden standardmässig mit der PowerPoint-Präsentation abgespeichert.

Wenn Sie allerdings ein bereits vorhandenes Excel-Diagramm in eine Präsentation einfügen, werden die Daten im Diagramm mit dem Excel-Arbeitsblatt **verknüpft**. Das Excel-Arbeitsblatt ist in diesem Fall eine **getrennte Datei** und wird nicht in PowerPoint gespeichert.

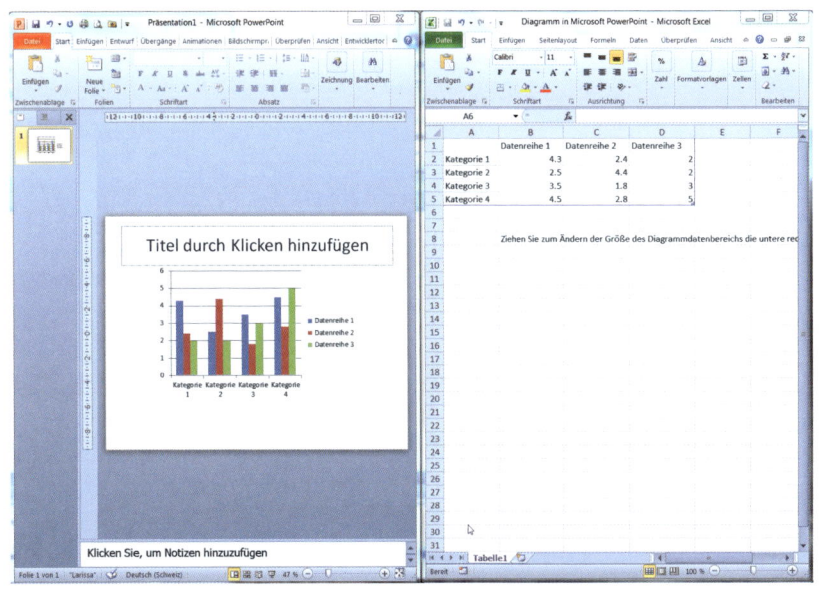

Tipp: Im Modul Tabellenkalkulation, Kapitel 5 Diagramme, finden Sie umfangreiche Anleitungen zur Erstellung von Diagrammen.

Präsentation

Aufgabe 14

Register	**Start**
Gruppe	**Folien**
Befehl	**Layout**
Eintrag	**Titel und Inhalt**
Auswahl	**Diagramm einfügen**
Befehl	**Gruppierte Säulen**
Excel	**Daten erfassen**
Diagramm	**Formatieren**

Stellen Sie die Verkaufszahlen des Monats April auf einer Folie in einem Diagramm überschaubar und aussagekräftig dar.

	kg
Äpfel	78
Bananen	25
Ananas	14
Erdbeeren	90
Orangen	35

So könnte Ihr Diagramm aussehen:

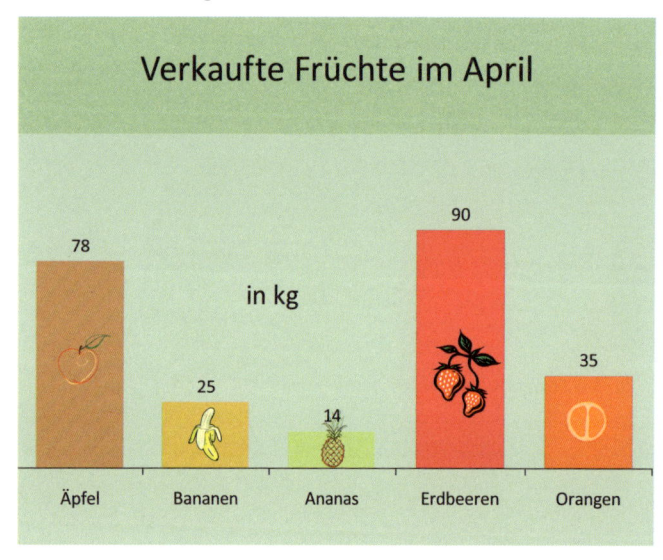

Verkaufte Früchte im April

in kg

Äpfel	Bananen	Ananas	Erdbeeren	Orangen
78	25	14	90	35

2.6 SmartArts helfen bei Hierarchien und Abläufen

Mit SmartArt-Grafiken können Sie einfache Sachverhalte optisch attraktiv darstellen. Komplexere Hierarchien und beispielsweise Flussdiagramme müssen Sie allerdings, wie im Kapitel 2.3 beschrieben, selber zeichnen.
Der Einsatz dieser vordefinierten SmartArt-Grafiken kann zeitsparend sein. Mehr als 180 verschiedene Strukturgrafiken stehen zur Auswahl. Nicht alle SmartArt-Grafiken lassen sich problemlos bearbeiten. Hier sind Fingerspitzengefühl und Geduld gefragt.

Auswahl von SmartArt-Grafiken

Bevor Sie eine SmartArt-Grafik auswählen, überlegen Sie, welche Information Sie dem Betrachter Ihrer Präsentation überbringen wollen. Denken Sie daran, dass Sachverhalte mit SmartArt nur grob skizziert werden und viele Layouts nicht individuell angepasst werden können.

Wählen Sie aus den verschiedenen Kategorien die optimale Form aus.
Wenn Sie auf das Platzhaltersymbol der Folie klicken, erscheint diese Dialogbox.

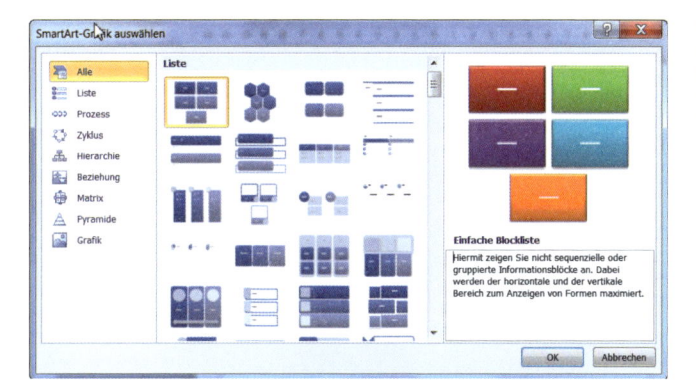

Register	**Einfügen**
Gruppe	**Illustrationen**
Befehl	SmartArt

Nun können Sie Ihren Text direkt in den Platzhalter eingeben.

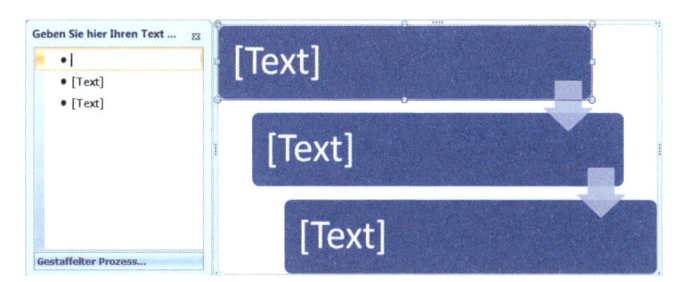

Mit der Pfeiltaste NACH-UNTEN springen Sie ins nächste Textfeld. Mit **Enter** erzeugen Sie ein neues Textfeld. Mit der Tabuliertaste und mit **Shift+Tabuliertaste** können Sie Texte höher oder tiefer stufen.
Den Textbereich können Sie schliessen und wieder öffnen.

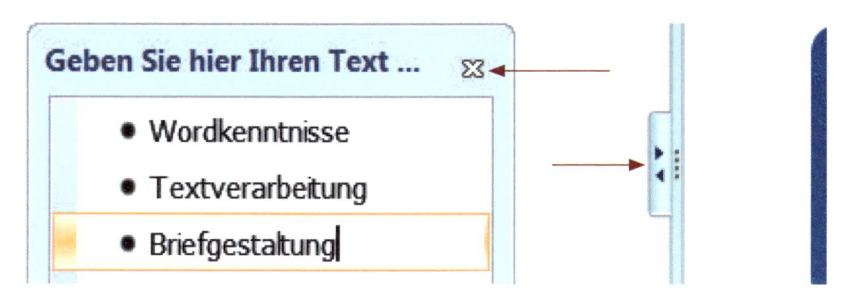

Präsentation

Nach der Texteingabe sieht die Folie so aus:

SmartArt-Grafiken gestalten und optimieren

Nun können Sie sehr einfach und schnell die ganze SmartArt-Grafik bearbeiten, sodass Sie auf den Betrachter eindrucksvoll wirkt.

Register	**SmartArt-Tools Entwurf**
Gruppe	**SmartArt-Formatvorlagen**
Befehl	Auswahl
Befehl	Farbe ändern

Rasch und einfach formatieren

Rasch erstellte und wirkungsvolle Folie mit SmartArt-Grafik

Zeitaufwendiger wird es für Sie, wenn Sie einzelne Teile einer SmartArt-Grafik gestalten und formatieren. Denken Sie dabei immer an die Wirksamkeit der Folie auf den Betrachter. Lohnt sich der Zeitaufwand wirklich? Kommen die zu überbringenden Informationen dadurch besser an? Beachten Sie dazu auch die Gestaltungsregeln im Teil 3.

Register	**SmartArt-Tools Format**
Gruppe	Formenarten oder WordArt-Formate
Befehl	Auswahl

Einzelne Elemente formatieren

Aufwendige Formatierung – wirkt die Folie mit dieser Gestaltung besser?

SmartArts helfen bei Hierarchien und Abläufen

Aufgabe 15

Erstellen Sie die abgebildete Folie mit einer SmartArt-Grafik und gestalten Sie die Folie überschaubar und wirkungsvoll. Verwenden Sie dazu das Layout **Titel und Inhalt**. Klicken Sie auf das Symbol **SmartArt-Grafik einfügen**. Wählen Sie aus der Gruppe Hierarchie das Organigramm.

WEITERBILDUNGSZENTRUM

- Leitung
  - Sekretariat
    - Sprachen
    - Wirtschaft
    - Informatik
    - Firmen

Aufgabe 16

Erstellen Sie die abgebildete Folie mit einer SmartArt-Grafik und gestalten Sie die Folie überschaubar und wirkungsvoll. Verwenden Sie dazu das Layout **Titel und Inhalt**. Wählen Sie die passende SmartArt-Vorlage und formatieren Sie die einzelnen Elemente.

Unterrichtsfeld IKA

- Grundlagen der Informatik
- Informationsmanagement/Administration
- Tabellenkalkulation
- Textgestaltung
- Schriftliche Kommunikation/Korrespondenz
- Präsentation

51

2.7 Einfügen von ClipArts und Bildern

Bei der Gestaltung von PowerPoint-Folien spielt oft die Visualisierung von Aussagen mit Bildern, seltener mit ClipArts eine entscheidende Rolle. Aussagen, Inhalte werden in die Form eines Bildes gepackt. Dabei gilt es, aussagekräftige Bilder zu finden. Binden Sie nicht einfach irgendein Bildchen in Ihre Präsentation ein. Bilder sollen einen Bezug zum Thema haben, ansprechen und überzeugen.

ClipArts werden von Microsoft bei der Installation von Office lokal auf dem Computer abgelegt, oder man kann sie von Microsoft-Webseiten herunterladen. Hunderttausende von ClipArts findet man auf dem Web, meist gratis, oder sie lassen sich mit wenig Geld im Handel kaufen. Trotzdem empfiehlt es sich in der Regel, Bilder statt ClipArts in die Präsentation einzubauen. Besonders schlecht wirken ClipArts, wenn verschiedene Stilrichtungen vermischt werden.

Für besondere Zwecke sind auf dem Internet Vorlagen von Landkarten, Flaggen oder vielen anderen nützlichen Dingen vorhanden, die in der Regel preisgünstig zu haben sind und Ihren Präsentationen, aber auch Veröffentlichungen auf dem Web, Professionalität verleihen.

Verwaltung der ClipArts in den Office-Programmen

Register	**Einfügen**
Gruppe	**Bilder**
Befehl	ClipArt

Aufruf der ClipArt-Verwaltung

Office-Programme verfügen über eine leistungsfähige ClipArt-Verwaltung und entsprechende Suchfunktionen. Nach Aufruf der ClipArt-Verwaltung öffnet sich der Aufgabenbereich.

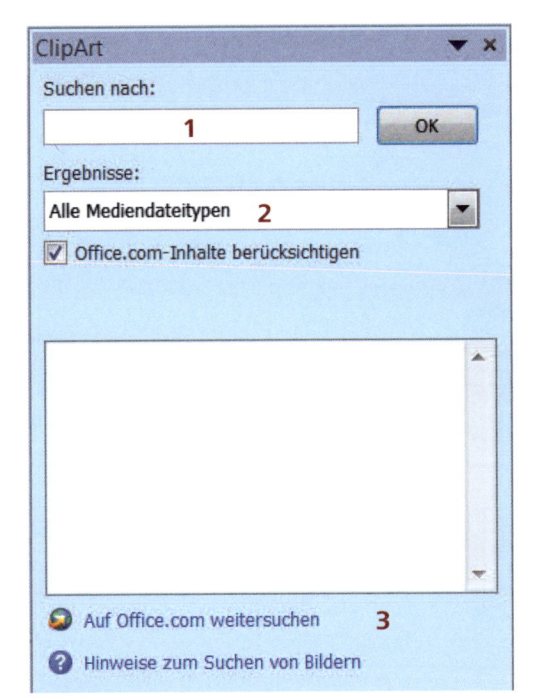

ClipArts suchen und organisieren

Einfügen von ClipArts und Bildern

1 ClipArts lassen sich Stichworten zuordnen. Geben Sie hier einen Suchbegriff ein, um ein ClipArt aufgrund dieser Stichworte zu finden.

2 Bestimmen Sie, welche Medientypen gesucht werden sollen.

3 Auf dem Internet nach ClipArts suchen.

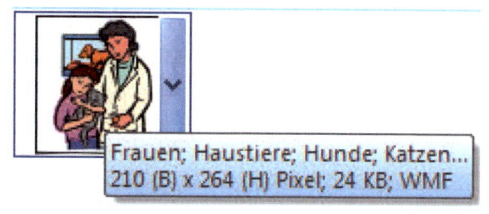

ClipArt mit den zugewiesenen Stichworten, Auflösung (Pixel), Speicherbedarf, Bildformat

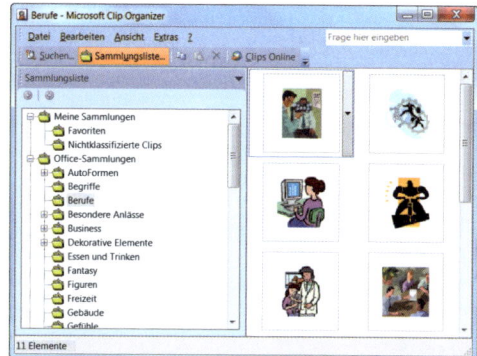

Dialogbox um ClipArts zu organisieren

Bildformate

▶ Scanauflösung

Wenn Sie mit Bildern in PowerPoint arbeiten, sollten Sie sich bezüglich Auflösung, Farbmodus und Speicherformat einige Gedanken machen. Präsentationen mit Bildern können unter Umständen sehr viel Speicherplatz beanspruchen. Mit etwas Know-how gelingt es Ihnen jedoch, auch grössere Präsentationen einigermassen schlank zu halten.

Da in PowerPoint die Folien in der Regel am Bildschirm/Beamer präsentiert werden, genügt für eine Präsentation in der Regel eine Bildschirmauflösung von 96 dpi. Dies entspricht der Standardauflösung des Bildschirms unter Windows. Beachten Sie jedoch, dass diese Auflösung nur dann gilt, wenn das Bild der Originalgrösse entspricht. Soll ein Bild vergrössert werden, müssen Sie dies bereits beim Einscannen eines Bildes beachten und die Auflösung höher stellen.

dpi = Dots per Inch (Punkte je Zoll)
Einheit zum Einlesen der Bildpunkte. Gibt die Dichte der Punkte an.

▶ RGB-Farbmodus

PowerPoint arbeitet mit RGB-Farben. Beachten Sie also bereits beim Scannen eines Bildes, dass im RGB-Format eingelesen wird. Andernfalls müssen Sie in einem Bildbearbeitungsprogramm den richtigen Farbmodus zuweisen. Für solche einfachen Bildbearbeitungen genügen meist Freeware-Programme, die Sie gratis aus dem Internet herunterladen können. Selbst mit dem in Windows bereits vorhandenen Programm Paint können Sie Bilder in verschiedenen Formaten speichern.

RGB
RGB steht für die Lichtfarben Rot, Grün, Blau.

Präsentation

Register	**Bildtools Format**
Gruppe	**Anpassen**
Auswahl	**Farbe**
Befehl	**Transparente Farbe bestimmen**

Transparente Farbe bestimmen

Das ClipArt rechts zeigt die Darstellung mit transparenter Farbe. Im Bild links fehlt diese Transparenz.

▶ **Wahl des Bildformats**

Wählen Sie ein geeignetes Bildformat:

TIFF Tagged Image File Format	Ein Format zur Wiedergabe von Halbtönen bei hochauflösenden Bitmap-Bildern. Es kennt keine Grössenbegrenzungen und kann 16 Mio. Farben darstellen. Das TIFF-Format ist äusserst speicherintensiv.
JPEG Joint Photography Expert Group	Dieses Format reduziert die Dateigrösse eines Bildes auf einen Bruchteil (Komprimierung). Dabei können Sie den Grad der Komprimierung beim Speichern bestimmen. Je geringer die Komprimierung, umso kleiner ist der Qualitätsverlust.
GIF Graphic Interchange Format	Es handelt sich um ein im Internet sehr verbreitetes Dateiformat für komprimierte Bitmap-Computerbilder. Im Gegensatz zu JPEG können GIF-Bilder allerdings nur 256 Farben darstellen. GIF-Dateien kann man in eingeschränktem Mass auch animieren. In PowerPoint-Präsentationen ist oft wichtig, dass der Hintergrund beibehalten wird und nicht ein weisser Fleck um das eigentliche Bild entsteht. Genau das ermöglichen Bilder im GIF-Format. Ein Bild steht dann freigestellt auf einem farbigen Hintergrund.
PNG Portable Network Graphics	Ermöglicht eine verlustfreie Kompression mit einer besseren Komprimierungsrate als GIF und bietet gleichzeitig die Möglichkeit, Transparenz darzustellen. PNG ist eine gute Alternative zu JPEG und GIF.
WMF Windows Metafile	WMF ist ein Grafikformat von Microsoft und wurde entwickelt, um Grafiken zwischen verschiedenen Programmen auszutauschen, beispielsweise über die Zwischenablage. Es handelt sich um ein 16-Bit-Format, das bereits mit Windows 3.x eingeführt wurde. WMF ist eine Rastergrafik, womit scharfe Kanten auch nach einer Vergrösserung scharfe Konturen behalten.

Damit die Zuweisung von transparenter Farbe funktioniert, muss das Bild einen durchgängig einfarbigen Hintergrund haben. Die Farbe darf nicht in einem Bild an anderer Stelle auftauchen.

Vorteilhaft ist, wenn Sie ein Bild vorab in einer Bildbearbeitungssoftware bearbeiten, wo wesentlich mehr Möglichkeiten zur Verfügung stehen, z. B. im Microsoft Office Picture Manager.

Einfügen von ClipArts und Bildern

Bildbearbeitung mit Microsoft Office Picture Manager

Starten Sie den Picture Manager unter Start (runde Schaltfläche) > Alle Programme > MS Office > MS Office-Tools > MS Office Picture Manager. Nun können Sie das Bild nach Ihren Wünschen und Bedürfnissen bearbeiten.

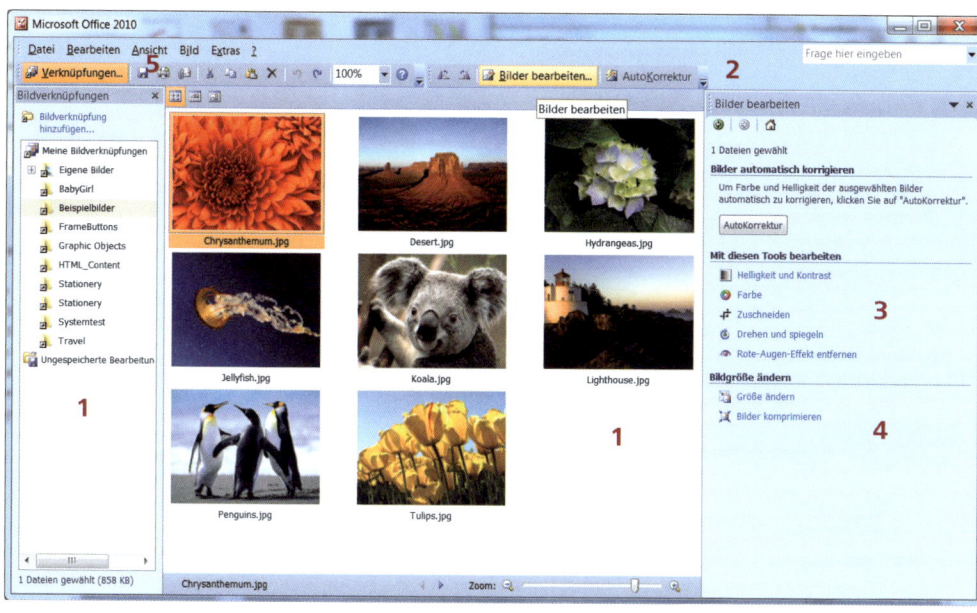

1 Wählen Sie Ihr Bild aus.
2 Symbolleiste
3 Hier können Sie das Bild zuschneiden, spiegeln, drehen, den Rote-Augen-Effekt entfernen usw.
4 Bilder in der Grösse und auch in der Speichergrösse (für Dokumente, Webseiten, Versand E-Mail) verändern.
5 Vergessen Sie nicht, das Bild mit den Veränderungen zu speichern, evtl. unter einem neuen Dateinamen.

Einfügen eines Bildes in die Präsentation

Wenn ein Bild als gespeicherte Grafik vorliegt, so rufen Sie im Register **Einfügen** in der Gruppe **Bilder** den Befehl **Grafik** auf. Sofern Sie ein Folienlayout mit Platzhaltern gewählt haben, klicken Sie auf das Symbol **Grafik aus Datei einfügen**.

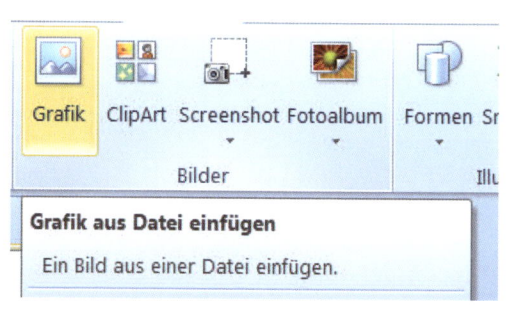

Register	**Einfügen**
Gruppe	Bilder
Befehl	Grafik

Tipp: Viele Bilder finden Sie unter www.istockphoto.com

55

Präsentation

In der sich öffnenden Dialogbox wählen Sie das gewünschte Bild. Zudem stehen Ihnen verschiedene Optionen zur Verfügung:

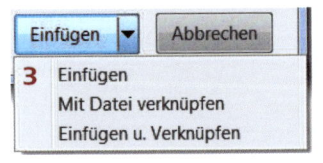

Bestimmen Sie, ob das Bild eingefügt, verknüpft oder eingefügt und verknüpft werden soll.

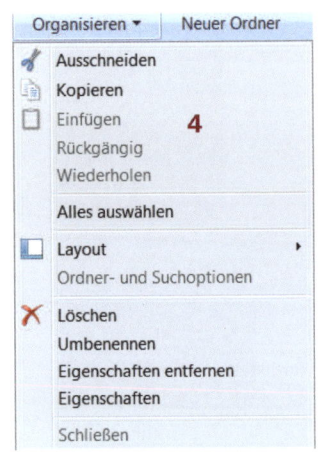

Dropdownmenü **Organisieren**

1 Wählen Sie den Speicherort des Bildes in lokalen Ordnern oder in Netzwerkordnern.

2 Wählen Sie das gewünschte Bild.

3 Das Dropdownmenü **Einfügen** ermöglicht, ein Bild nur zu verknüpfen, anstatt es als vollständige Kopie in die Präsentation einzubinden. PowerPoint aktiviert also die Grafik im Hintergrund. Damit bleibt die Präsentation schlanker, und eine Änderung des Bildes hat automatisch auch eine Anpassung des Bildes innerhalb der Präsentation zur Folge.

Meist ist das vollständige Einlesen des Bildes vorteilhaft. Sollte nämlich das Bild an einen andern Ablageort verschoben werden, so findet PowerPoint das Bild bei einer Verknüpfung nicht, und Sie erhalten lediglich einen Rahmen mit einem roten Kreuz. Speichern Sie nie eine Präsentation, solange Bilder nicht angezeigt werden. Schliessen Sie die Präsentation, ohne zu speichern, und legen Sie die Bilddateien in die richtigen Ordner.

Sie haben auch die Möglichkeit, Dateien einzufügen und zu verknüpfen. Dies hat den Vorteil, dass eine Bildänderung in PowerPoint erkannt wird, ein Verschieben der Ursprungsdatei bewirkt damit nicht, dass Sie kein Bild mehr erhalten.

4 Das Dropdownmenü **Organisieren** beinhaltet Verwaltungsfunktionen (Löschen, Umbenennen usw.).

Verändern der Bildgrösse

Ein eingelesenes Bild verfügt über sogenannte Ziehpunkte, mit denen Sie das Bild skalieren (in der Grösse verändern) können. Mit einem Klick aufs Bild werden die Ziehpunkte sichtbar, und das Bild ist markiert. Ein Klick auf die Folie löscht die Markierung. Sie verändern die Grösse eines markierten Bildes, wenn Sie einen der Eckpunkte diagonal verschieben. Das Seitenverhältnis verändert sich dabei nicht.

Achtung: Wenn Sie an einem Mittelpunkt des Bildes ziehen, verzerren Sie das Bild, was oft unbeabsichtigt geschieht. In diesem Falle machen Sie den Schritt sofort rückgängig.

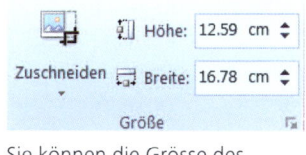

Sie können die Grösse des Bildes präzise auch über das Menüband verändern.

Register	**Bildtools Format**
Gruppe	Grösse
Befehl	Breite und/oder Höhe anpassen

Bild über das Menüband skalieren

Eingelesenes Bild mit Ziehpunkten

Skalieren Sie das Bild, indem Sie es an den Eckpunkten fassen und ziehen.

▶ Die Dialogbox Grafik formatieren

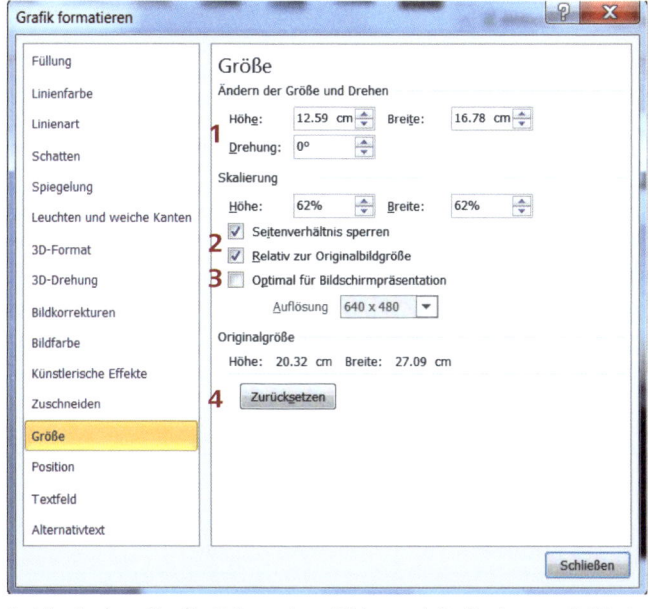

Register	**Bildtools Format**
Gruppe	Schriftgrad
Dialogbox	Grösse

1 Hier ändern Sie die Grösse eines Bildes und die Drehung mit Wertangaben.

2 In der Regel lassen Sie die Option **Seitenverhältnis sperren** und **Relativ zur Originalbildgrösse** aktiv. Damit bleiben die Proportionen von Höhe und Breite erhalten.

3 Unter Umständen können Sie die Qualität des Bildes verbessern, wenn Sie die Auflösung verändern und das Häkchen bei **Optimal für Bildschirmpräsentation** setzen.

4 Hier können Sie ein Bild in den ursprünglichen Zustand (Originalgrösse) zurücksetzen.

Präsentation

▶ Bilder direkt auf der Folie zuschneiden

Register	**Bildtools Format**
Gruppe	Grösse
Befehl	Zuschneiden

Bild über das Menüband zuschneiden

Oft ist es sinnvoll, ein eingelesenes Bild zuzuschneiden. Am einfachsten geht das über das **Menüband.**

An den Kanten des Bildes werden Markierungslinien eingeblendet. Ziehen Sie die entsprechenden Markierungslinien gegen die Bildmitte. Falls Sie zu viel abgeschnitten haben, können Sie mit dem gleichen Werkzeug abgeschnittene Bereiche wiederherstellen.

In der Dialogbox können Sie ein Bild mit Werteingaben ebenfalls zuschneiden. Nach dem Zuschneiden ist der abgeschnittene Teil des Bildes nicht endgültig weg. Sie können das Bild immer noch zurücksetzen.

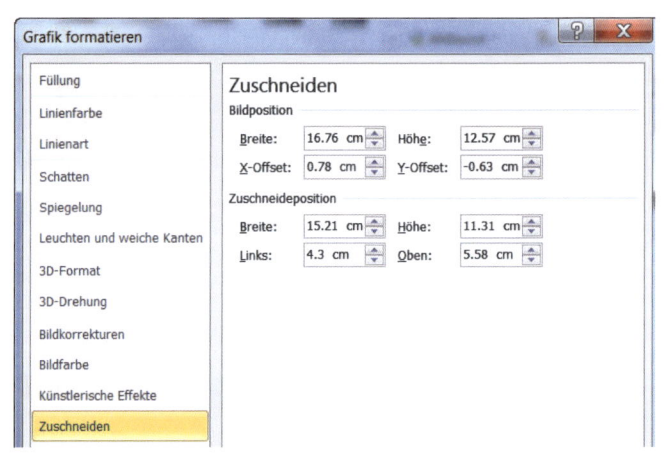

Positionieren der Bilder

Register	**Bildtools Format**
Gruppe	Grösse
Dialogbox	Register Position

Bild mit Werteingaben platzieren

Ein Bild können Sie mit der Maus oder mit den Pfeiltasten auf der Tastatur beliebig auf dem Bildschirm verschieben. Durch Werteingaben in der Dialogbox **Grafik formatieren, Position** lässt sich ein Bild ebenfalls genau platzieren.

Beim Verschieben und Kopieren von Bildern oder andern grafischen Elementen mit der Maus wird der Vorgang durch gleichzeitiges Drücken einer Taste erleichtert. Folgende Tasten helfen Ihnen, wobei Sie die Tasten auch kombiniert anwenden können, beispielsweise **Shift+Alt-Taste**.

Shift-Taste + Maus-Taste	Das Bild wird nur waagrecht oder senkrecht verschoben.
Alt-Taste + Maus-Taste	Das unsichtbare Raster wird ausgeschaltet; Sie können das Bild so genauer platzieren.
Ctrl-Taste + Maus-Taste	Das Bild wird nicht verschoben, sondern kopiert.
Ctrl + Pfeiltasten	Wenn Sie das Bild mit den Pfeiltasten verschieben, erhalten Sie durch Drücken der Ctrl-Taste viel feinere Sprünge.
Alt-Taste + Pfeiltasten (rechts, links)	Das Bild dreht sich um die eigene Achse.

Einfügen von ClipArts und Bildern

Weitere Anpassungen von Bildern

Register	**Bildtools Format**
Gruppe	**Anpassen**

Anpassen von Bildern

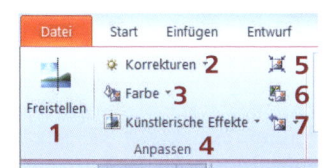

1 Mit Freistellen aktivieren Sie die Registerkarte Freistellen, um unerwünschte Bereiche aus Bildern/Fotos zu entfernen.
2 Passen Sie Helligkeit, Kontrast und Schärfe des Bildes an.
3 Verändern Sie die Farbe oder Farbqualität des Bildes.
4 Erzielen Sie künstlerische Effekte. Das Bild ähnelt dann z. B. einer Zeichnung oder Skizze.
5 Sie können Bilder in verschiedenen Stufen komprimieren und sparen somit Speicherplatz.
6 Sie ersetzen das Bild, indem Sie aus dem Bildvorrat ein anderes Bild auswählen.
7 Sie verwerfen alle Formatierungsänderungen an diesem Bild.

Bildformatvorlagen

Wählen Sie aus einem Katalog von Bildformatvorlagen, wenn Sie spezielle Effekte mit Bildern erzielen wollen. Sie können in der Gruppe **Bildformatvorlagen** auch die Bilder in eine Form stellen oder ein vorhandenes Bild nachträglich in eine Form umwandeln.
Beispiele:

Aufgabe 17

Erstellen Sie eine Folie und wählen Sie das Folienlayout **Titelfolie**. Wählen Sie eine Vorlage aus dem Designkatalog. Platzieren Sie auf der Folie ein aussagekräftiges Bild, das Sie aus dem Internet herunterladen oder in Ihrem Bildarchiv finden.
Hier ein Beispiel. Sie können auch einen eigenen Text für eine Startfolie verfassen.

Präsentation

Hintergrundbilder

In PowerPoint lassen sich auch Bilder als Hintergrund einlesen. Dabei sollte das Bild keine dominante Stellung einnehmen, sondern diskret in den Hintergrund rücken.

Register	**Entwurf**
Gruppe	**Hintergrund**
Dialogbox	**Hintergrund formatieren**

Aufruf der Dialogbox Hintergrund formatieren

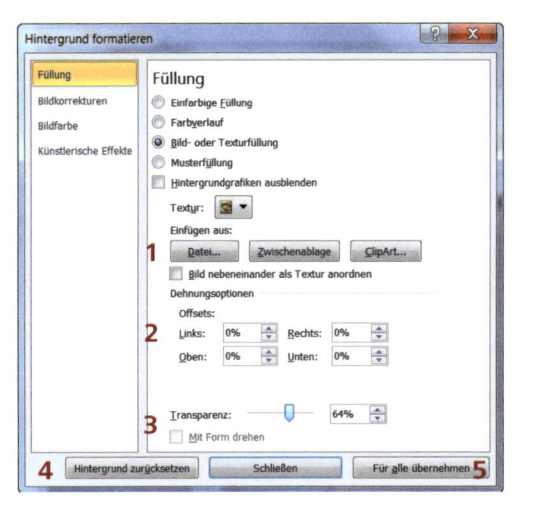

1 Um ein Bild einzufügen, wählen Sie in der Dialogbox **Hintergrund formatieren** die Option **Bild- oder Texturfüllung,** unter **Einfügen aus:** die Schaltfläche **Datei** und wählen ein Bild aus.

2 Die Dehnungsoptionen ermöglichen Ihnen, das Bild so darzustellen, dass nur Teile des Hintergrundes durch das Bild abgedeckt werden.

3 Hintergrundbilder sind im Original meist zu dunkel. Durch Erhöhung der Transparenz erreichen Sie einen sinnvollen Kontrast zwischen Bild und Text.

4 Ermöglicht Ihnen jederzeit, das Bild auf dessen Originalwerte zurückzusetzen.

5 In der Regel wird das Hintergrundbild nur für die aktuelle Folie eingefügt. Sie können jedoch ein Hintergrundbild mit einem Klick auf **Für alle übernehmen** auf alle Folien übertragen.

Aufgabe 18

Gestalten Sie die folgende Folie. Als Folienlayout wählen Sie **Titel und Inhalt.** Mit der SmartArt-Grafik **Vertikale Bildakzentliste** können Sie die Bilder zu den verschiedenen Destinationen einfügen. Als Hintergrund wählen Sie ein Bild und die passende Transparenz.

Regeln für die
Präsentationsgestaltung

3

3.1 Grundsatzregeln

Die Gestaltung einer PowerPoint-Präsentation ist eine anspruchsvolle Tätigkeit, die etwas Übung verlangt. Lernen Sie aus Ihren Erfahrungen, sich ständig zu verbessern, und beginnen Sie, den Blick für die Typografie etwas zu schulen.

Wir haben die wichtigsten Techniken in **acht Grundsatzregeln** zusammengefasst. Damit sollten Sie die häufigsten Fehler vermeiden können. Fragen Sie sich beim Erstellen jeder einzelnen Folie, ob Sie gegen eine dieser Grundsatzregeln verstossen, und versuchen Sie, vor dem Abschluss nochmals im Gesamtprodukt Gestaltungsverstösse zu verbessern.

Gestaltungsregeln sind allerdings nicht absolut gültig; Sie dürfen diese Regeln im Einzelfall auch brechen. Aber wie gesagt: Dazu muss es Gründe geben. Eine Gestaltung kann sogar gerade deswegen besonders gut und wirkungsvoll sein, weil Regeln ausnahmsweise nicht befolgt wurden.

Gelegentlich spielt bei einer PowerPoint-Präsentation auch der **Sound** (Ton) eine wichtige Rolle. Auch bei Einblendungen oder Folienübergängen können Töne eingefügt werden. Gerade bei der Arbeit mit Sound ist jedoch Vorsicht geboten, und es macht in der Regel keinen Sinn, den Folienwechsel mit einem Ton anzukündigen.

Regel 1 Titel (Kopf) und Inhaltsbereiche unterscheiden	**Faustregeln** Jede Folie einer Präsentation ist wie ein neues Kapitel und erhält in der Regel einen ein- oder zweizeiligen Haupttitel. Der Kopf braucht etwas Abstand zum Inhalt. Gestalterische Mittel wie Farben, Linien usw. helfen ebenfalls, den Haupttitel vom Inhalt zu unterscheiden.	**Überlegungen** • Ist ein Haupttitel vorhanden? • Ist der Abstand zwischen Haupttitel und Inhalt zweckmässig gewählt? • Verbessern gestalterische Mittel den Überblick?

Grundsatzregeln

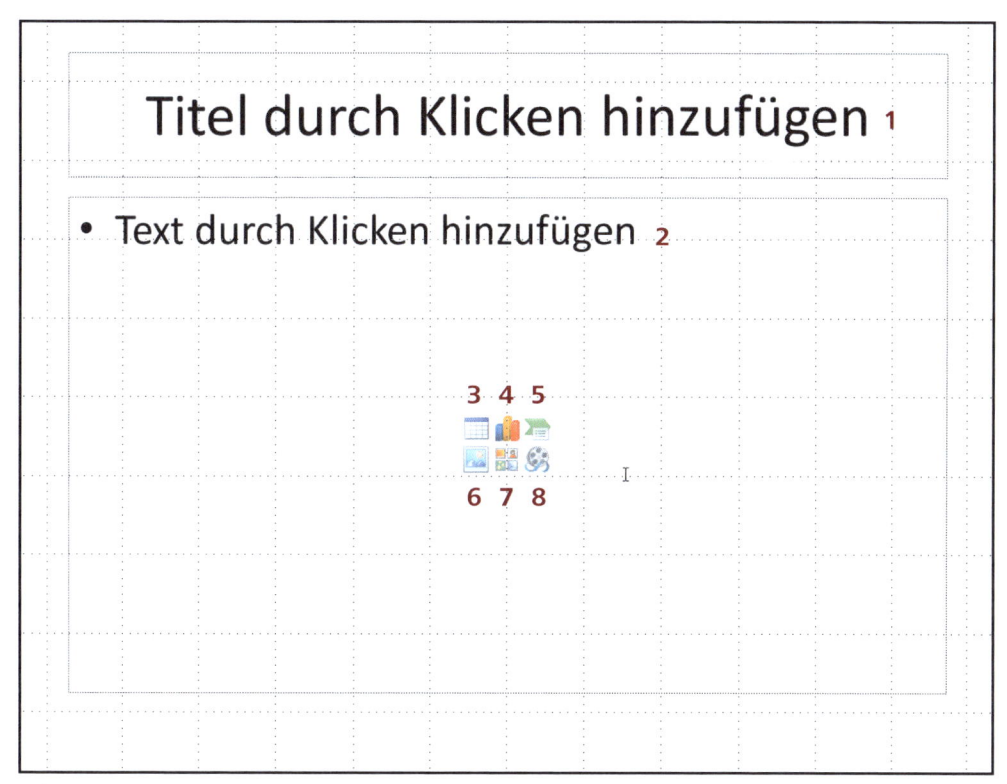

Register	**Start**
Gruppe	**Folien**
Befehl	Layout
Befehl	Titel und Inhalt

Folienlayout Titel und Inhalt aufrufen

Folienlayout Titel und Inhalt
1 Titelbereich
2 Inhaltsbereich
3 Tabelle einfügen
4 Diagramm einfügen
5 SmartArt-Grafik einfügen
6 Grafik aus Datei einfügen
7 ClipArt einfügen
8 MediaClip einfügen

Regel 2
Hintergrund einfach halten

Faustregeln
Eine grosse Gefahr bei Präsentationen besteht darin, dass Hintergründe oft zu üppig gestaltet sind. Hintergründe sollten keine zu grossen Kontraste aufweisen und sich nicht in den Vordergrund drängen. Der Betrachter sollte sich auf den Inhalt konzentrieren können. Wählen Sie keine aggressiven Farbtöne. Auch Farbverläufe sind möglich. Sofern Sie Bilder oder Logos verwenden, sollten sich deren Farben deutlich vom Hintergrund unterscheiden. Auf einem unruhigen Hintergrund sind Texte nur schwer leserlich. Vorteilhaft ist, wenn Hintergründe keine erkennbaren Bildelemente aufweisen.

Überlegungen
- Drängt sich der Hintergrund nicht nach vorne?
- Ist der Inhalt gut leserlich, lenkt der Hintergrund nicht ab?
- Sind die Farbtöne nicht zu aggressiv gewählt?
- Sofern Bildelemente vorhanden sind: Stören sie nicht?

Präsentation

Aufgabe 19

1 Der Titelbereich kann in der Masterfolie definiert werden.
2 Einfarbiger, diskreter Hintergrund ohne Verlauf.
3 Die Pfeile fügen Sie mit Autoformen ein.

Erstellen Sie die folgende Folie, die im Layout **Nur Titel** erstellt wurde.

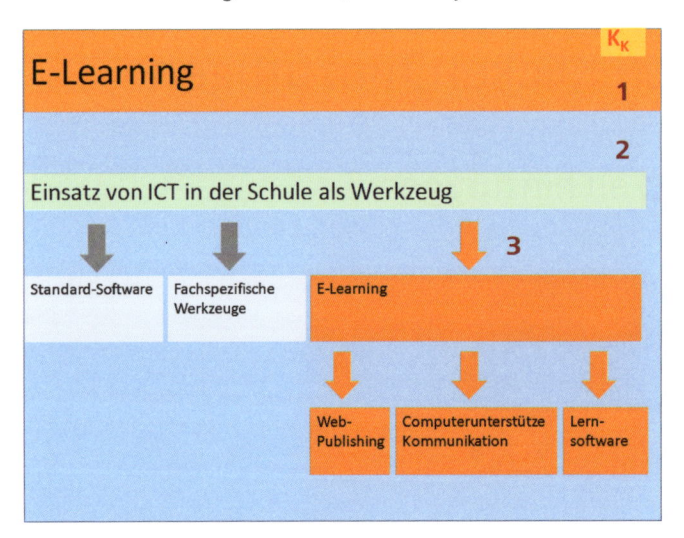

Suchen Sie nach anderen sinnvollen Hintergrundgestaltungen.

Zwei Beispiele einer schlecht gestalteten Folie:

Der Hintergrund drängt stark nach vorne. Die Farben sind etwas aggressiv. Die Farben von Hintergrund und Inhalt unterscheiden sich jedoch deutlich.

Hier wurde ein Hintergrundbild eingesetzt, welches dominiert und den Leser ablenkt.

Regel 3
Weniger ist mehr, haben Sie Mut zur Lücke.

Faustregeln
Wir neigen dazu, viel zu viel auf einer Folie unterzubringen. Damit gehen Übersichtlichkeit und Attraktivität verloren. Streben Sie einfache Lösungen an. Was man nicht lesen kann, darf man auch nicht auf einer Folie unterbringen.
Sie müssen auch nicht alles zeigen, was Sie wissen. Entscheidend ist, was der Zuschauer/Zuhörer am Schluss behält. Lassen Sie in der Regel Elemente wie Fusszeile, Copyrightvermerke, Foliennummern, Datum des Vortrages, Anlass und Referent einfach weg.

Überlegungen
- Kann ich auf meiner Folie gewisse Elemente weglassen?
- Sind wirklich alle Informationen notwendig?
- Lässt sich die Folie einfacher gestalten?

Öffnen Sie die Präsentation Aufgabe 20 und bearbeiten Sie die Folie nach den bekannten Regeln.

Aufgabe 20

> **Ganztägige Schulformen haben mehr Möglichkeiten zur Entwicklung einer Lernkultur, etwa durch...**
> - die individuelle Förderung leistungsschwacher *und* leistungsstarker SchülerInnen
> - mehr Zeit für didaktische Arrangements, die den Lernprinzipien eines zeitgemässen Bildungsverständnisses verpflichtet sind (z. B. Projekte zur Förderung problemlösenden Lernens)
> - eine Erweiterung des schulischen Bildungsangebots durch pädagogische Gestaltungselemente (unterrichtsbezogene Ergänzungen, themenbezogene Vorhaben, Förderung, Freizeitgestaltung)
>
> 24.11.2010   Copyright Lukas Zimmermann   1

Die Folie ist mit Text überladen. Alles wirkt eng und wenig lesefreundlich.

▶ Lassen Sie alles weg, was nicht notwendig ist. Entfernen Sie die Felder der Fusszeile. Beschränken Sie den Text auf aussagekräftige Schlüsselwörter. Wählen Sie das Design **Modul**. Ändern Sie das Aufzählungszeichen.

Präsentation

Ihre Folie könnte nun so aussehen:

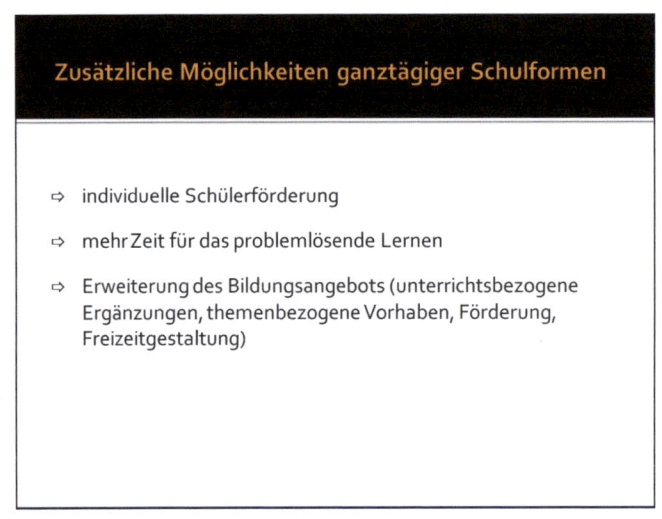

Übersichtliche klassische Folie. Alles Überflüssige wurde weggelassen.

▶ Duplizieren Sie die Folie. Konvertieren Sie den Textinhalt in eine **SmartArt-Form**. Wählen Sie als Hintergrund **Einfarbige Füllung, Blaugrau**.

Register	**Start**
Gruppe	Absatz
Befehl	In SmartArt konvertieren
Befehl	Zielliste

Register	**SmartArt-Tools Entwurf**
Gruppe	SmartArt-Formatvorlagen
Befehl	Subtiler Effekt

Umwandlung der Folie in eine SmartArt-Darstellung.

▶ Speichern Sie Ihre Präsentation.

Grundsatzregeln

Regel 4
Visualisieren Sie Ihre Folien mit Bildern, Grafiken oder Diagrammen.

Faustregeln
Durch den Einsatz von Bildern, Grafiken oder Diagrammen erzielen Sie nicht nur optisch eindrucksvolle Ergebnisse. Sie erleichtern den Lesern die Orientierung ganz wesentlich. Präsentieren Sie Aussagen soweit als möglich mit Bildern anstatt mit Texten und Zahlen oder in Diagrammen statt in Tabellen.

Überlegungen
- Hat es auf meinen Folien Inhalte, die ich vorteilhaft mit einem Bild statt mit Text präsentiere? Kann ein Bild eine Textaussage ergänzen?
- Kann ich Aussagen in Form von Zahlen vorteilhaft in einem Diagramm darstellen?

Aufgabe 21

▶ Erstellen Sie die folgende Folie im Layout **Nur Titel**. Die Bilder befinden sich auf der CD zum Lehrbuch. Sie können auch geeignetes Bildmaterial auf dem Internet suchen und ergänzen.

Überblick Hardware

| Eingabe | Verarbeitung | Speicherung | Ausgabe |

▶ Geben Sie der folgenden Folie eine bessere Visualisierung, indem Sie die Aussagen der Tabelle in einem geeigneten Diagramm darstellen.

Studierende an Fachhochschulen im Wintersemester 2006

Diplom	23122
Bachelor	26795
Master	1096
Weiterbildung	6168

Präsentation

▶ Gestalten Sie diese Folie durch eine Grafik übersichtlicher.

Besucherzahlen

Stadion	Gesamt	Schnitt
St. Jakob-Park	117714	23543
Stade de Suisse	86137	17227
Letzigrund	92150	15358
Tourbillon	64800	12960
Allmend	50161	10032
Hardturm	38325	9581
Espenmoos	54500	9083
Stade de la Maladière	46814	7802
Brügglifeld	27300	6826
Stadion Lachen	23900	4780

Regel 5
Schriftgrösse nicht kleiner als 16 Punkt wählen, lesefreundliche Schrift einsetzen.

Faustregeln
Schwarze Schrift auf weissem Grund lässt sich am besten lesen. Ungünstig sind Kapitälchen, Versalien (Grossbuchstaben) bei mehr als drei Wörtern oder farbige Schriften im Grundtext, Schatten und Verzerrungen. Die Schrift muss sich vom Hintergrund durch einen genügend grossen Helligkeitskontrast absetzen.
Bedeutend ist die Schriftgrösse. In der Regel wählt man eine Schriftgrösse zwischen 16 und 20 Punkt, wobei die technischen Einrichtungen und der Abstand der Betrachter eine grosse Rolle spielen. Kleinere Schriften als 16 Punkt gehören nicht auf eine Folie.

Überlegungen
- Haben Schrift und Hintergrund einen deutlichen Helligkeitskontrast?
- Habe ich eine serifenlose Schrift verwendet?
- Leidet die Leserlichkeit wegen Schatten oder Verzerrungen?
- Habe ich keine Schriftgrössen unter 16 Punkt verwendet?

Grundsatzregeln

Erstellen Sie die folgende Folie, ohne gegen die Regel 5 zu verstossen.

Aufgabe 22

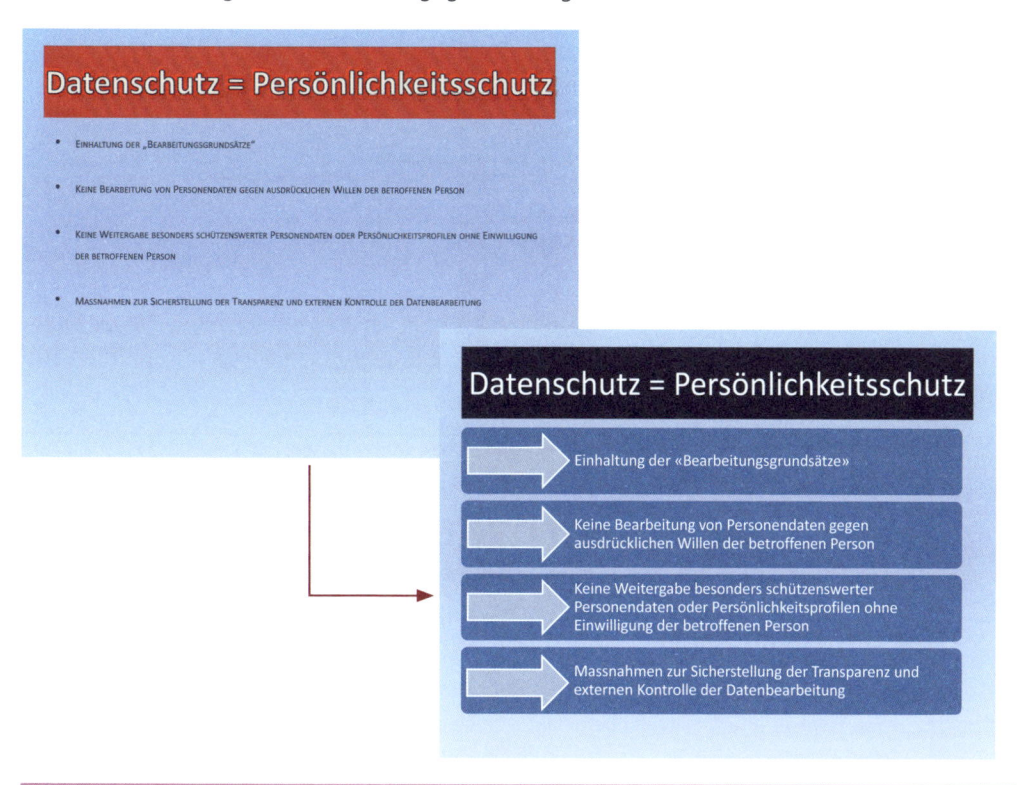

Datenschutz = Persönlichkeitsschutz

- Einhaltung der „Bearbeitungsgrundsätze"
- Keine Bearbeitung von Personendaten gegen ausdrücklichen Willen der betroffenen Person
- Keine Weitergabe besonders schützenswerter Personendaten oder Persönlichkeitsprofilen ohne Einwilligung der betroffenen Person
- Massnahmen zur Sicherstellung der Transparenz und externen Kontrolle der Datenbearbeitung

Datenschutz = Persönlichkeitsschutz

→ Einhaltung der «Bearbeitungsgrundsätze»

→ Keine Bearbeitung von Personendaten gegen ausdrücklichen Willen der betroffenen Person

→ Keine Weitergabe besonders schützenswerter Personendaten oder Persönlichkeitsprofilen ohne Einwilligung der betroffenen Person

→ Massnahmen zur Sicherstellung der Transparenz und externen Kontrolle der Datenbearbeitung

---

Regel 6
Gleiches gleich gestalten

Faustregeln
Texte, die in der gleichen Hierarchiestufe stehen, sollten Sie immer gleich gestalten. Dies gilt nicht nur bezüglich der Schriftgrösse, sondern auch der Farbe und Ausrichtung. Zwischenräume wie Einzüge, Zeilenabstände und Ränder, Liniendicke und Kästchen gestalten Sie ausnahmslos gleich.

Überlegungen
- Sind alle Elemente auf gleicher Hierarchiestufe gleich gestaltet?

Regel 7
Satz linksbündig

Faustregeln
Gestalten Sie Folien oder Elemente auf der Folie nie im Mittelachsensatz (Zentrierung). Die Zentrierung erzeugt eine optische Achse, die bei zusätzlichem linksbündigem Satz gestört wird. Blocksatz verwendet man grundsätzlich nur bei längeren Lesetexten, die in einer PowerPoint-Präsentation eigentlich nichts zu suchen haben.

Überlegungen
- Sind die Texte linksbündig ausgerichtet?

Präsentation

Regel 8
Optische Achsen bilden

Faustregeln
Achsen entstehen durch Satz- und Bildkanten, Flächen und Linien. Dank diesen optischen Achsen erhalten Sie räumliche Bindung. Achten Sie auch darauf, dass Aufzählungen untereinanderstehen und keine Schräge nach rechts unten entsteht.

Überlegungen
- Sind optische Achsen erkennbar?

Aufgabe 23

Gegen welche Regeln wird auf der nachstehenden Folie verstossen? Schreiben Sie die Nummer der jeweiligen Gestaltungsregel in die Tabelle und begründen Sie ganz kurz Ihren Entscheid.

Folie

1 Lernziele

2 ──────────────────── **2**

3 **Die Lernenden sollen**

- PowerPoint als Arbeitsmittel für betriebliche Problemstellungen kennen lernen
- Folien erstellen
  4
  – Folienlayouts bestimmen
  – Hintergründe einfügen
  – Vorlagen einsetzen
- Aus Folien eine animierte Präsentation erstellen
  4
  – Die wichtigsten benutzerdefinierten Animationen kennen
- Eine Präsentation so bearbeiten, dass eine Navigation möglich wird
  4
  – Interaktive Schaltflächen einfügen
- Ein Organigramm erstellen
- Vertiefte Kenntnisse beim Umgang mit dem Programm gewinnen

(Bildschirmabbildungen: Titel und Inhalt **5**)

Verstoss gegen Regel	Begründung
1	
2	
3	
4	
5	

3.2 Folien und Objekte animieren

In PowerPoint lassen sich Folien und Objekte auf einfache und doch wirksame Art animieren. Dabei darf nicht die Animation als solche im Vordergrund stehen, sondern die Vermittlung der Information an den Betrachter. Hier ein Überblick über das System der Animationsmöglichkeiten:

Die **Animation** der Folien wird grundsätzlich als Folienübergang bezeichnet. Dagegen heissen die Animationen für Texte, Objekte usw. **benutzerdefinierte Animationen** oder ganz einfach **Animationseffekte.**
Bevor Sie Ihre Präsentation animieren, sollten Sie sich darüber im Klaren sein, was Sie animieren wollen und welche Möglichkeiten PowerPoint Ihnen dazu bietet. Können Sie vorgefertigte Effekte einsetzen, oder müssen Sie Folienübergänge und Effekte individuell anpassen? Wenn Sie Präsentationen mit benutzerdefinierten Animationen versehen, planen Sie auf jeden Fall genügend Zeit für die Bearbeitung ein.

Folienübergänge einrichten

Der Folienwechsel kann mit den Übergängen gezielt als dramaturgisches Mittel eingesetzt werden. Setzen Sie in einer Präsentation nur einen Folienübergang ein. Für den Betrachter sind **Verblassen** und **Schieben** sehr angenehm.

Präsentation

Das Menüband **Übergänge** für Folienübergänge:

Register	Übergänge
Gruppe	Übergang zu dieser Folie
Befehl	Auswahl

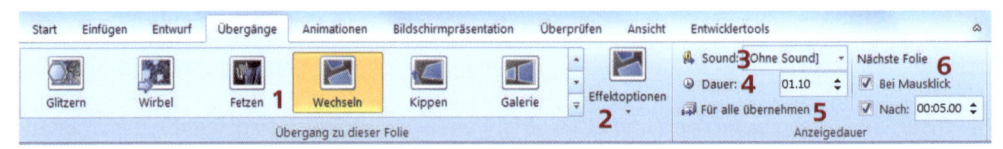

1 Wählen Sie hier den gewünschten Folienübergang aus.
2 Wählen Sie eine Effektoption zum gewünschten Folienwechsel.
3 Gleichzeitig mit dem Folienwechsel wird ein Sound aktiv. Setzen Sie diese Möglichkeit sehr sparsam ein.
4 Wählen Sie die Geschwindigkeit des Überganges. 01.00 ist schnell, 05.00 langsam. Ihre Präsentation wirkt ruhig, wenn der Übergang nicht zu schnell ist..
5 Hier können Sie rasch und bequem alle Folien mit dem gleichen Übergang versehen.
6 Geben Sie die Zeit ein, die der Betrachter benötigt, um die Folie in einem angenehmen Tempo zu lesen. Mit dem Häkchen wird nach der gewählten Zeit automatisch die nächste Folie angezeigt.

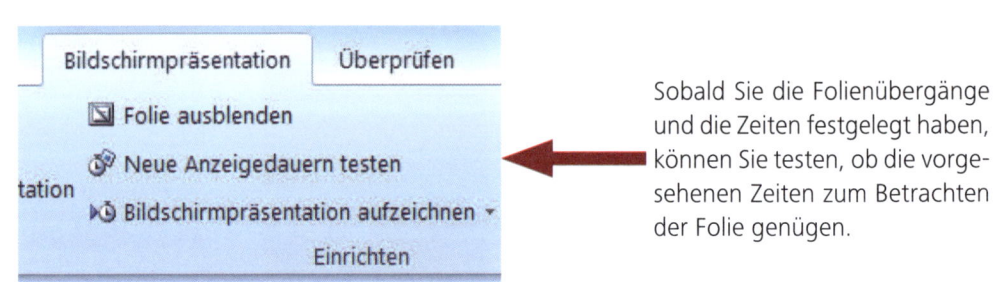

Register	Bildschirm-präsentation
Gruppe	Einrichten
Befehl	Neue Anzeigedauern testen

Sobald Sie die Folienübergänge und die Zeiten festgelegt haben, können Sie testen, ob die vorgesehenen Zeiten zum Betrachten der Folie genügen.

Aufgabe 24

Öffnen Sie die Datei Aufgabe 24 «Einführung in PowerPoint 2010» und legen Sie Folienübergänge und Einblendzeiten fest. Wechseln Sie dazu in die Foliensortierungsansicht. Testen Sie anschliessend die gewählten Übergänge und Zeiten.

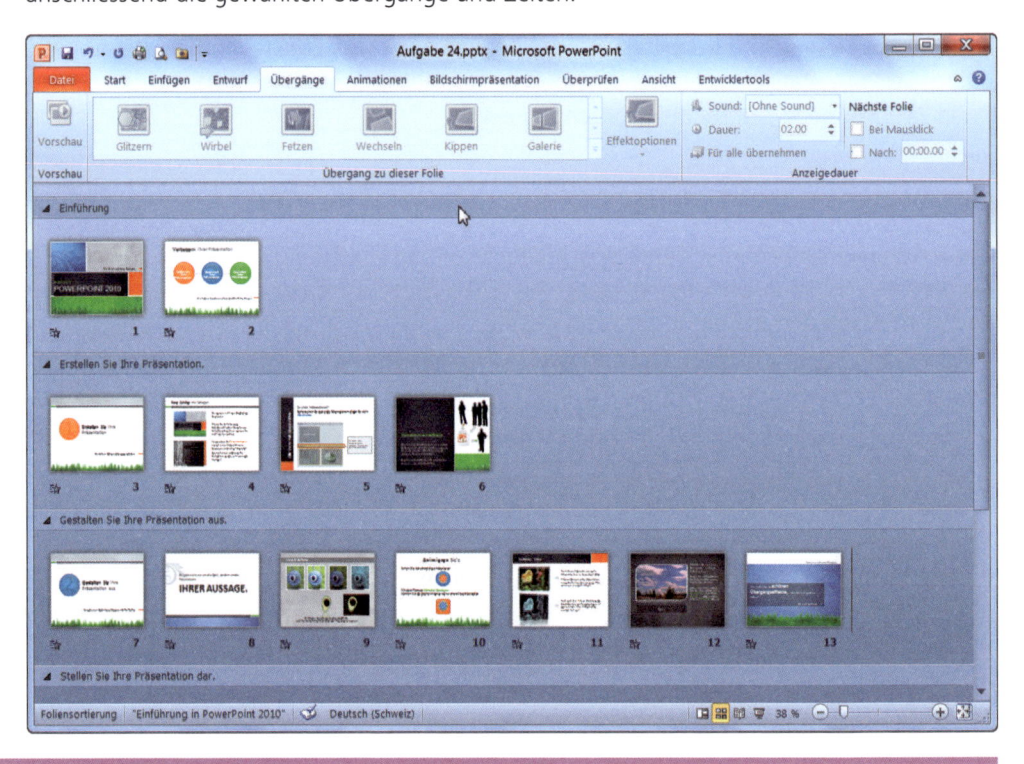

Folien und Objekte animieren

Texte und Objekte animieren

Im Vergleich zu den Folienübergängen sind die Möglichkeiten zur Animation von Texten und Objekten auf den Folien vielfältiger. Daher besteht auch immer die Versuchung, Präsentationen mit Animation zu überladen. Präsentationen wirken dann wild und sind nicht mehr überschaubar. Wählen Sie deshalb einfache, aber wirkungsvolle Animationen.

Markieren Sie das Objekt, welches animiert werden soll. Wählen Sie den gewünschten Effekt, z. B. **Einfliegen**.

Register	**Animationen**
Gruppe	Animation
Befehl	Effekt hinzufügen

Zu jedem Animationseffekt gibt es unterschiedliche Effektoptionen. Je nach gewählter Animation verändert sich das Symbol **Effektoptionen**.

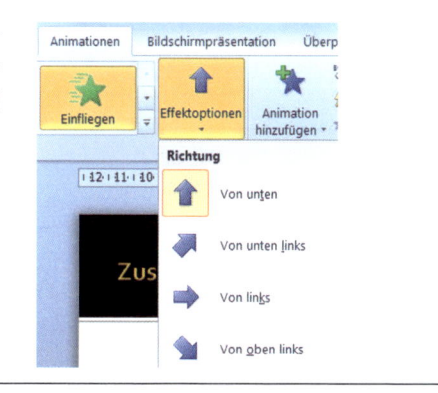

Passen Sie die Effektoptionen und die Anzeigedauer Ihren Wünschen an.

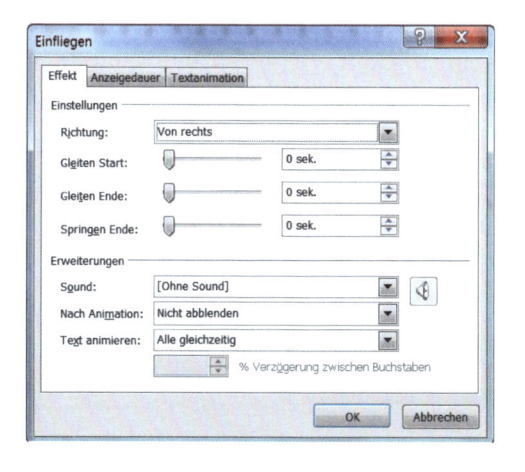

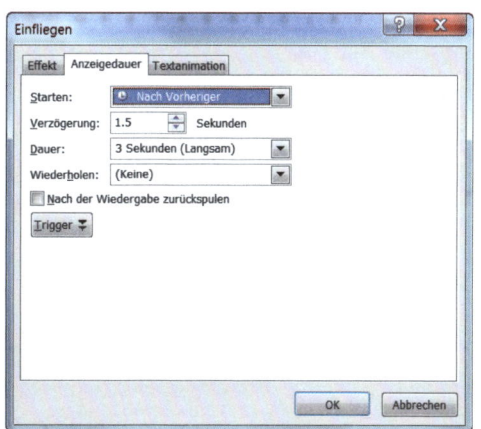

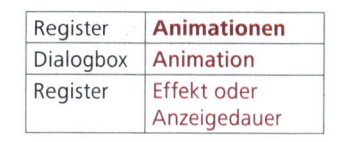

Register	**Animationen**
Dialogbox	Animation
Register	Effekt oder Anzeigedauer

Dazu können Sie auch den Animationsbereich sichtbar machen.

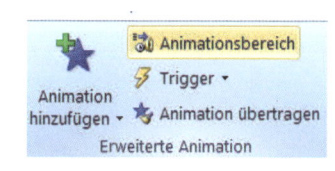

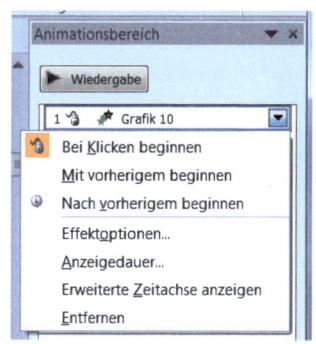

Präsentation

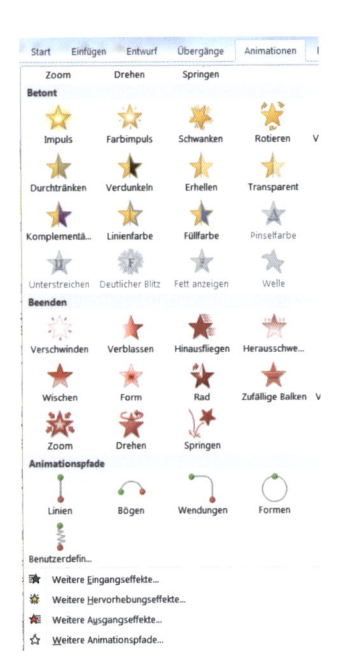

Wenn Sie einen Text oder ein Objekt hervorheben oder von der Folie verschwinden lassen wollen, benutzen Sie die Animationen aus den Gruppen **Betont** oder **Beenden**. Sie können einen Text oder ein Objekt auch mit mehreren Animationen versehen. Beachten Sie dabei die unterschiedliche Farbgebung der Symbole im Aufgabenbereich (grün, gelb und rot).
Ihre Objekte können Sie auf der Folie auch verschieben. Dazu wählen Sie **Animationspfade.**
Bitte beachten Sie, dass zu viel (unnötige) Bewegung auf der Folie vom Inhalt ablenkt.

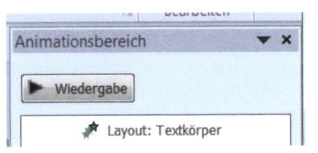

Wenn Sie alle Texte Ihrer Präsentation gleich animieren wollen, so definieren Sie die **Animationen im Folienmaster.** Im Aufgabenbereich werden diese Animationen später grau angezeigt.

Aufgabe 25

Öffnen Sie Ihre Präsentation aus Aufgabe 20 oder die Datei Aufgabe 25 und animieren Sie die Folie mit Text so, dass die Textabschnitte **beim Klicken** erscheinen. Wählen Sie den **Effekt Wischen,** die Richtung **von oben** und die **Dauer 03.00**.

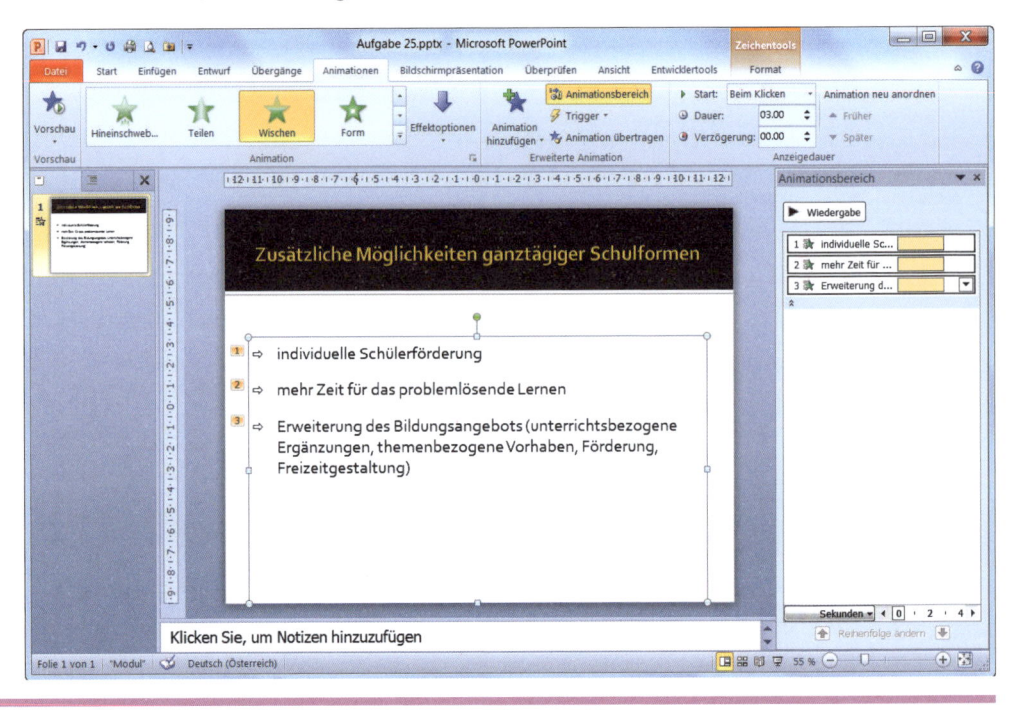

Folien und Objekte animieren

Ein Trigger – interaktiv in einer Präsentation

Mit einem Trigger bleiben Sie in aktivem Kontakt mit dem Publikum. Erst wenn Sie auf Ihrer Folie ein Objekt anklicken, erscheint ein dazugehörender Text oder ein Objekt. So können Sie als Vortragender z. B. Ihren Zuhörern eine Frage stellen und dann auf der Folie die Lösung zeigen.

Aufgabe 26

Öffnen Sie die Präsentation Aufgabe 26 «Überblick Hardware» und starten Sie die Bildschirmpräsentation (**F5**). Klicken Sie einzelne Hardwareteile an. Beenden Sie die Präsentation mit **Esc**. Markieren Sie das Textfeld **Scanner** und kontrollieren Sie bei beiden gewählten benutzerdefinierten Animationen der Grafik 9 die **Anzeigedauer**.

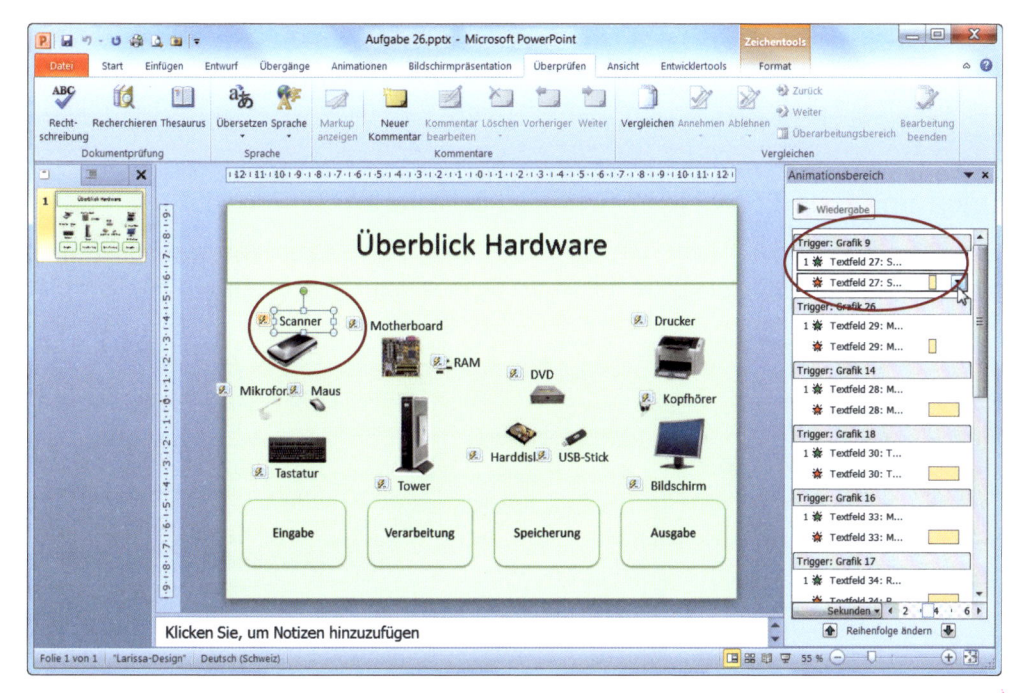

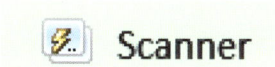

Der gelbe Blitz deutet auf einen Trigger hin.

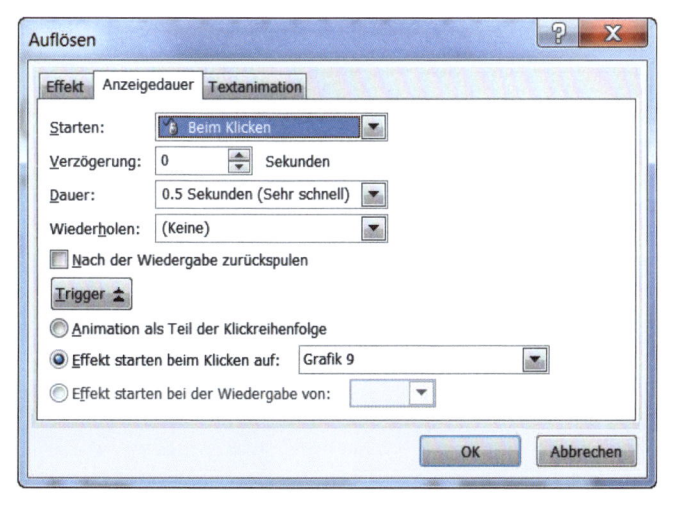

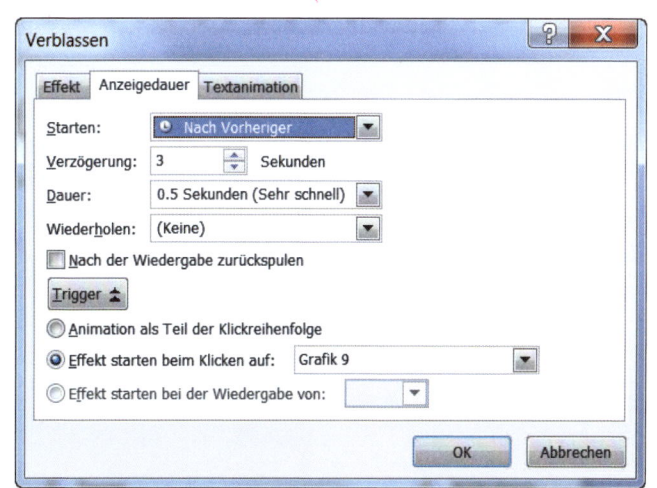

Präsentation

Aufgabe 27	Gestalten Sie die folgende Folie. Das Bild finden Sie auf der CD zum Lehrmittel. Versehen Sie die eingefügten Pfeile mit einem Trigger. Bei der Präsentation klicken Sie z. B. auf die Schaltfläche «Eiger», und über dem Gipfel des Eigers soll dann der Pfeil erscheinen.

Register	**Animationen**
Gruppe	Erweiterte Animation
Befehl	Trigger

Diagramme und SmartArt-Grafiken animieren

Register	**Animationen**
Gruppe	Erweiterte Animation
Befehl	Animationsbereich
Befehl	Inhaltsplatzhalter Effektoptionen
Register	Diagrammanimation

Wenn Sie umfangreiche Diagramme präsentieren, sollten die Diagramme unbedingt animiert und die Informationen portionenweise an die Zuhörer weitergegeben werden. Wählen Sie aus den verschiedenen Erscheinungsweisen die geeignete aus.

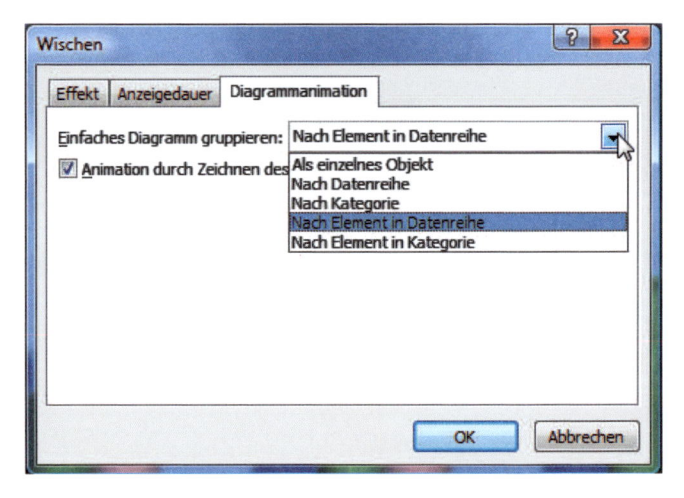

Im folgenden Beispiel werden die Säulen einzeln durch Klicken abgerufen. So können Sie die Information entsprechend kommentieren.

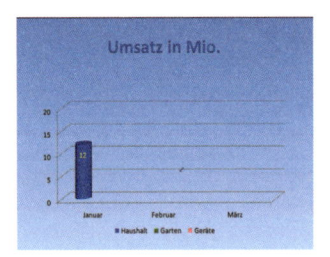

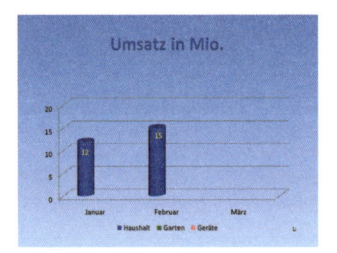

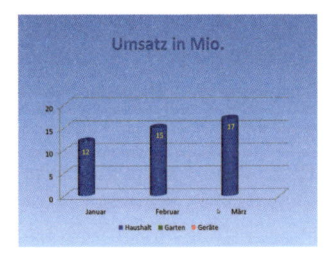

Folien und Objekte animieren

Öffnen Sie Ihr Diagramm aus der Aufgabe 14 oder die Datei Aufgabe 28 und animieren Sie das Diagramm so, dass die Säulen einzeln erscheinen und Sie so die Möglichkeit haben, die Ergebnisse zu kommentieren. Die Informationen erscheinen in kleinen Schritten und sind für den Zuschauer besser wahrnehmbar.

Aufgabe 28

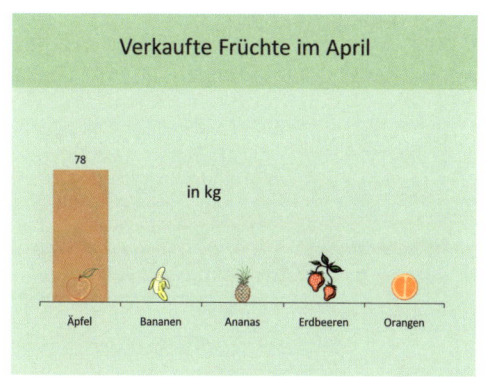

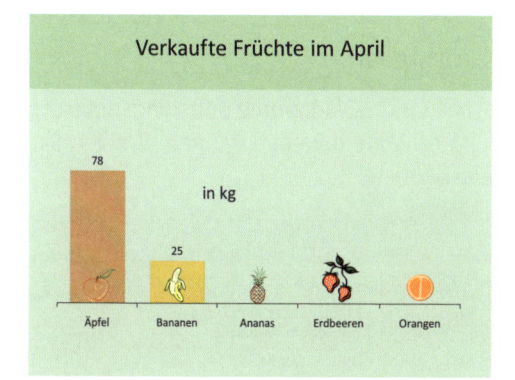

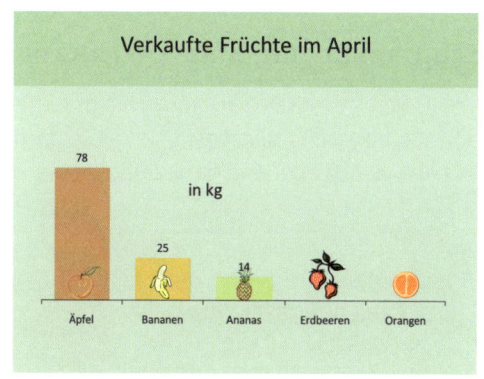

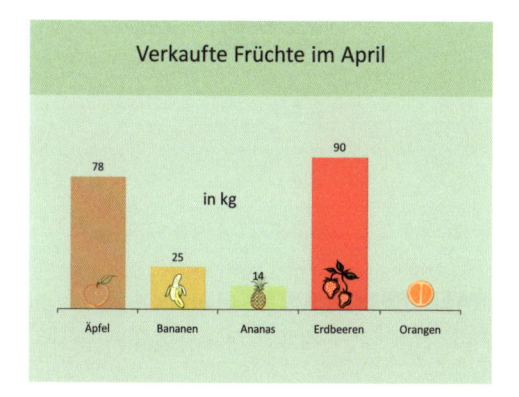

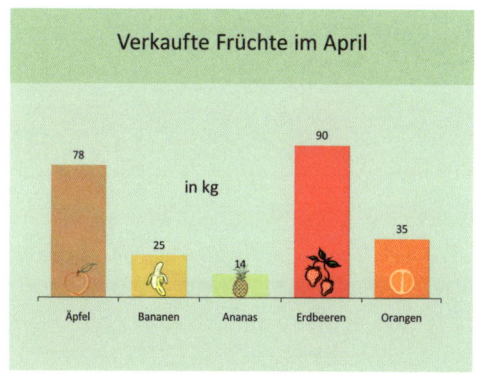

Präsentation

Auch SmartArt-Grafiken lassen sich animieren. Wenn die Bearbeitung vom SmartArts relativ einfach ist, so müssen Sie sich beim Animieren etwas in Geduld üben. Nicht alle Animationsarten lassen sich verwirklichen.

Aufgabe 29

Öffnen Sie Ihre SmartArt-Grafik aus der Aufgabe 15 oder die Datei Aufgabe 29 und animieren Sie das Organigramm so, dass die einzelnen Ebenen nacheinander angezeigt werden.

Wählen Sie dazu:

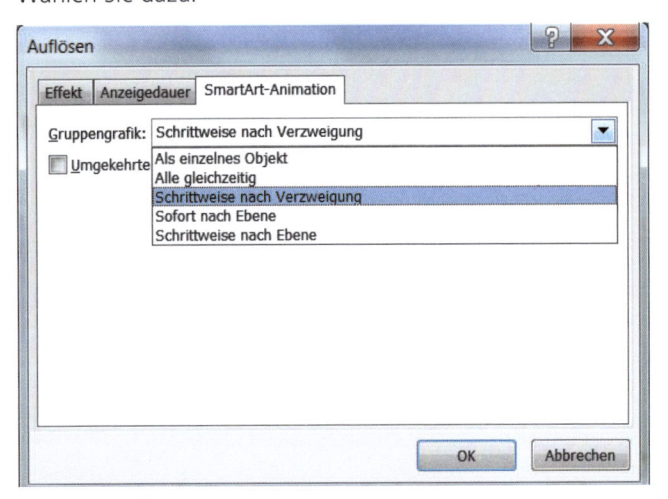

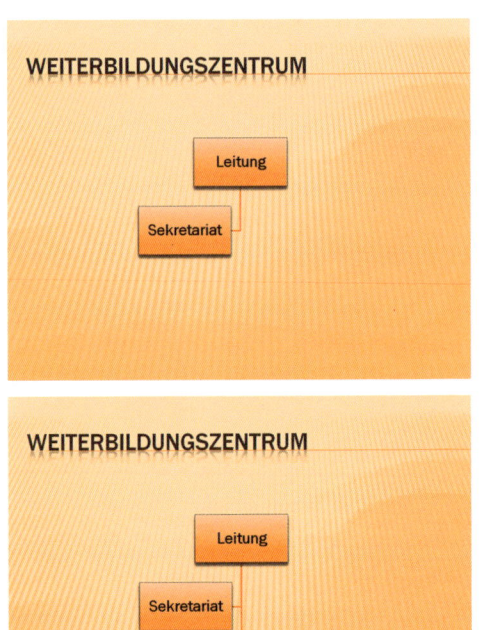

Folien und Objekte animieren

Öffnen Sie Ihre SmartArt-Grafik aus der Aufgabe 16 oder die Datei Aufgabe 30 und animieren Sie die SmartArt-Grafik so, dass die ganze SmartArt-Grafik erscheint und auf Klicken einzelne Elemente verschwinden. Am Schluss bleiben noch einige Elemente übrig. Diese Animationsart empfiehlt sich, wenn Sie z. B. auf verbleibende Aufgaben oder noch zu behandelnde Stoffgebiete hinweisen wollen.

Aufgabe 30

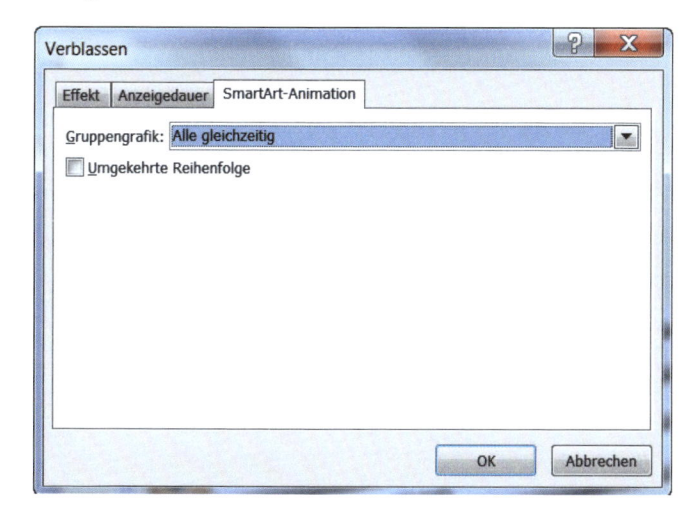

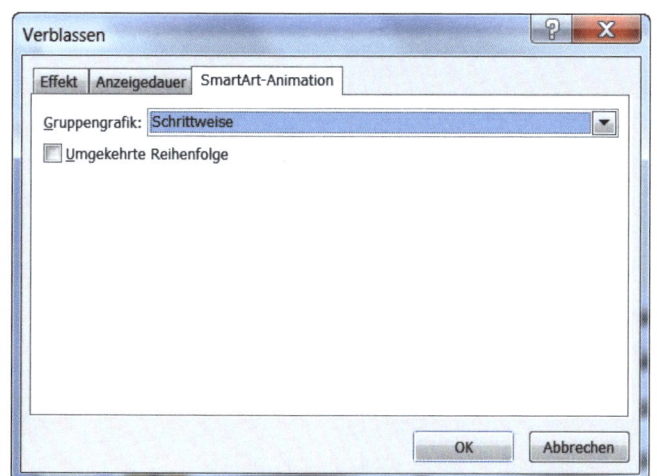

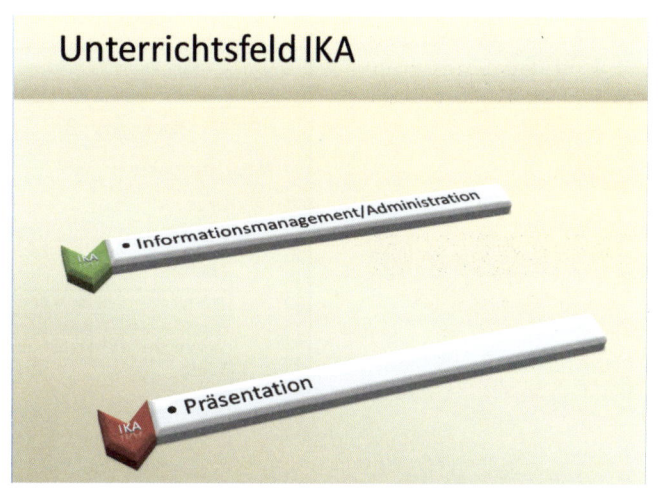

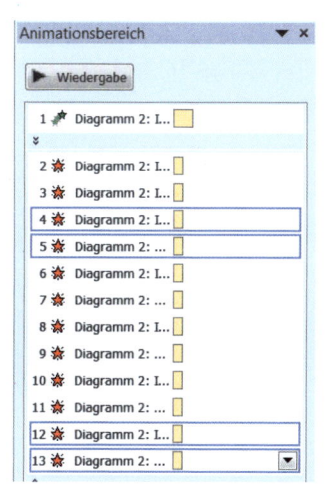

Damit die beiden Elemente **Informationsmanagement/ Administration** und **Präsentation** stehen bleiben, müssen Sie die Animationen dieser Elemente löschen.

Präsentation

Hyperlinks einfügen

Register	**Einfügen**
Gruppe	**Hyperlinks**
Befehl	**Hyperlink oder Aktion**

Dank eingefügten Hyperlinks in Ihrer Präsentation können Sie bequem und rasch zu anderen Folien, zu einer URL oder zu einer anderen Datei springen. Markieren Sie ein Wort, einen Text oder ein Objekt, auf welches Sie später klicken wollen, um den Link auszuführen.

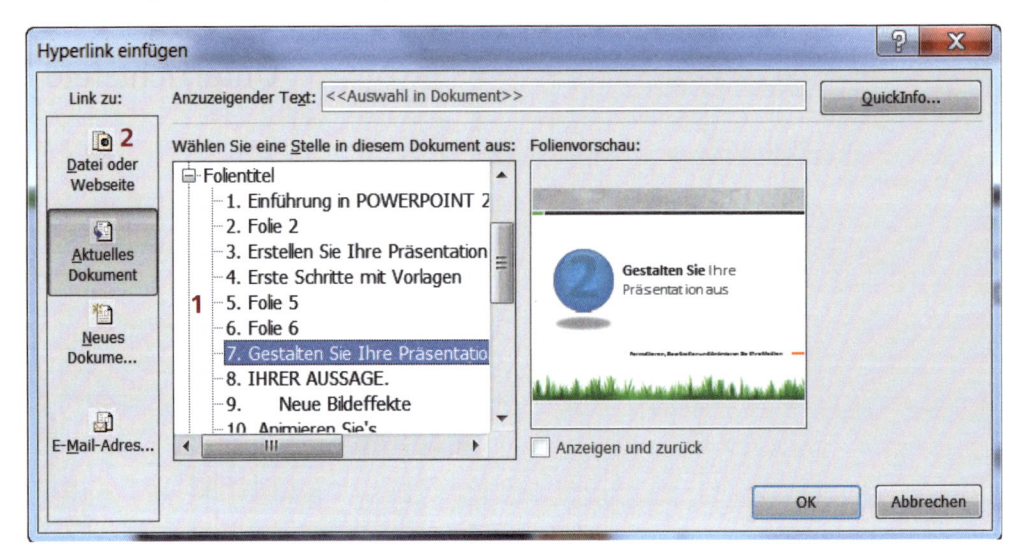

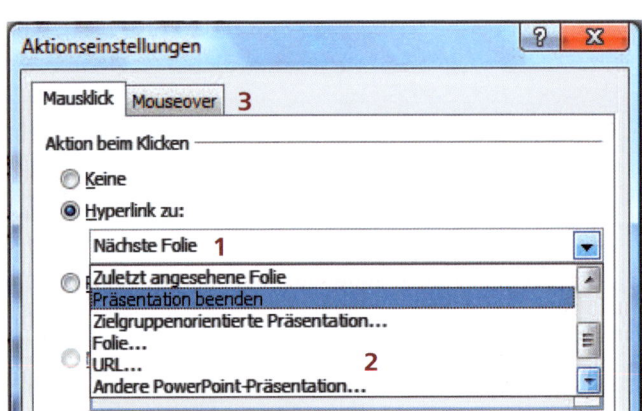

1 Hier können Sie zu einer Folie in der aktuellen Präsentation springen.

2 Sie können z. B. eine Website oder eine Datei anspringen.

3 Auf der Registerkarte **Mouseover** haben Sie die gleichen Möglichkeiten, jedoch werden die Links bei Mauskontakt sofort ausgeführt.

Aufgabe 31

Öffnen Sie Ihre SmartArt-Grafik aus der Aufgabe 18 oder die Datei Aufgabe 31 und fügen Sie die URLs der vier Wintersportdestinationen als Hyperlink ein, sodass Sie später während der Präsentation mit einem Klick direkt auf die gewünschte Website gelangen.

Die eingefügten Hyperlinks können angeklickt werden.

Hier wurden «Adelboden» und «Haslital» bereits angeklickt.

Präsentationen vorführen und drucken

4

Präsentation

4.1 Präsentationen vorführen

Interaktive Schaltflächen sinnvoll einsetzen

Register	**Einfügen**
Gruppe	Illustrationen
Befehl	Formen
Auswahl	Interaktive Schaltflächen

Sie haben die Möglichkeit, in Ihrer Präsentation mit eingefügten interaktiven Schaltflächen durch Mausklick oder Mouseover z. B. auf die nächste oder die vorherige Folie zu wechseln oder an den Anfang der Präsentation zurückzukehren. Aus der Gruppe der interaktiven Schaltflächen kommen vor allem in Frage:

1 Zurück und Nächste
2 Anfang und Ende
3 Start
4 Anpassen
  Diese Schaltfläche können Sie mit Text füllen.

Aufgabe 32

Öffnen Sie die Datei Aufgabe 32 «Briefgestaltung» und ergänzen Sie die Präsentation mit interaktiven Schaltflächen. Beachten Sie dabei:

▶ Auf der Folie 1 (Startfolie) fügen Sie acht Schaltflächen mit den Titeln ein (z. B. Gliedern – Hervorheben). Jede Schaltfläche versehen Sie mit einem Hyperlink.

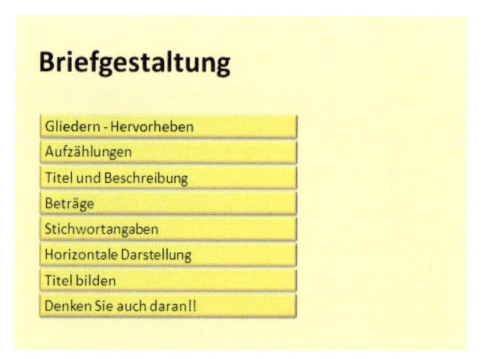

▶ Die Aktionseinstellungen sollen bewirken, dass Sie bei Mausklick auf die Folie mit den Kurzerklärungen kommen.

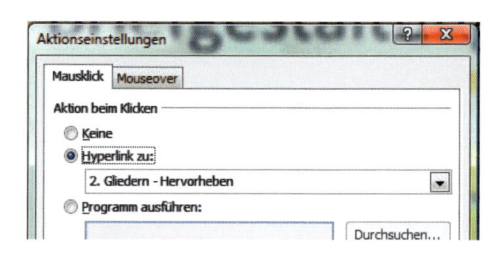

Register	**Einfügen**
Gruppe	Hyperlinks
Befehl	Aktion
Register	Mouseover

Markieren Sie zuerst die Form.

▶ Auf den angewählten Folien soll eine Form mit dem Text «Beispiel» ermöglichen, mit der Aktionseinstellung Mouseover zum passenden Textbeispiel auf der nächsten Folie zu wechseln.

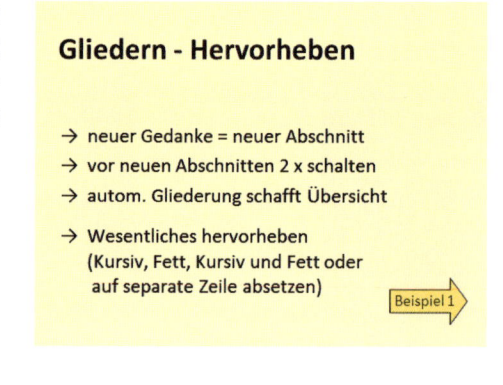

Präsentationen vorführen

▶ Auf allen Folien mit Beispielen und auf der letzten Folie der Präsentation fügen Sie eine interaktive Schaltfläche «Start» ein.

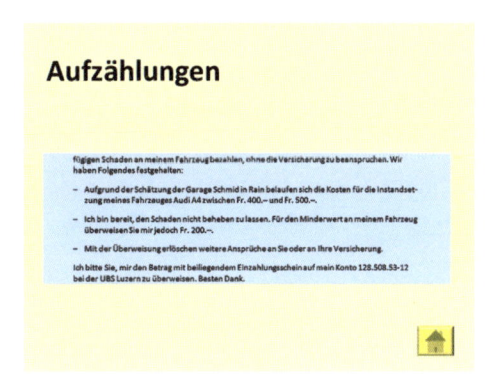

▶ Starten Sie die Präsentation mit der Taste **F5**. Nun können Sie beliebige Themen auf der Startseite auswählen, die Kurzerklärungen lesen, das Beispiel dazu anschauen und auf die Startfolie (mit dem Inhalt) zurückkehren.

▶ Mit der Taste **Esc** verlassen Sie die Präsentationsansicht.

Bildschirmpräsentationen einrichten

Wie Sie in der Aufgabe 32 gesehen haben, ist es möglich, eine Präsentation einfach mit der Taste **F5** zu starten. Dabei werden die Standardeinstellungen übernommen. Wenn Sie eine Präsentation ab der aktuellen Folie ansehen wollen, wählen Sie **Shift+F5**. Sie haben jedoch die Möglichkeit, zusätzliche Einstellungen vorzunehmen, die bei einem Vortrag hilfreich sein können.

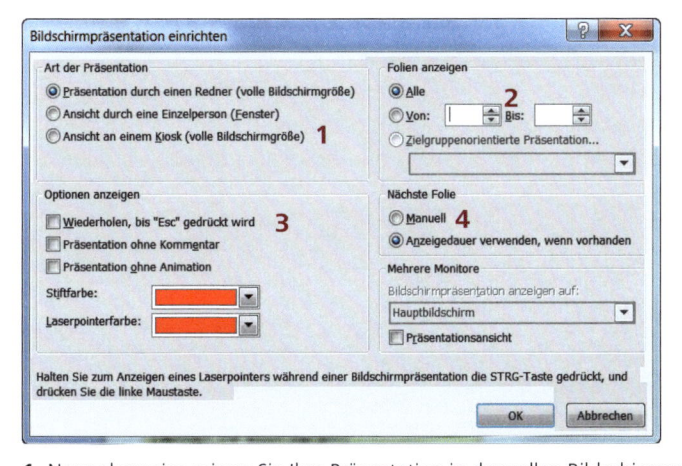

Register	**Bildschirm-präsentation**
Gruppe	Einrichten
Befehl	Bildschirm-präsentation einrichten

1 Normalerweise zeigen Sie Ihre Präsentation in der vollen Bildschirmgrösse.
2 Sie können nur eine Auswahl Ihrer Folien zeigen.
3 Mit dieser Option beginnt die Präsentation wieder von vorne.
4 Wählen Sie **Manuell**, wenn Sie keine festgelegten Zeiten für Folienübergänge verwenden wollen.

Präsentation

Das Menüband bietet noch weitere Annehmlichkeiten:

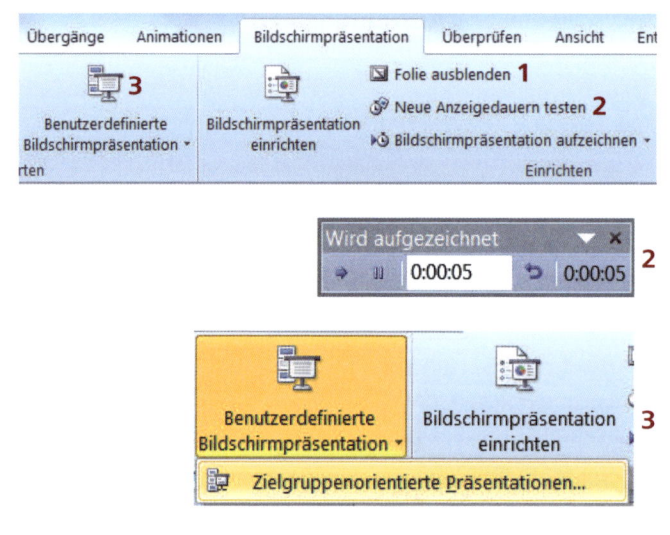

Register	**Bildschirm-präsentation**
Gruppe	Bildschirm-präsentation starten
Befehl	Benutzer-definierte Bildschirm-präsentation
Auswahl	Zielgruppen-orientierte Präsentationen

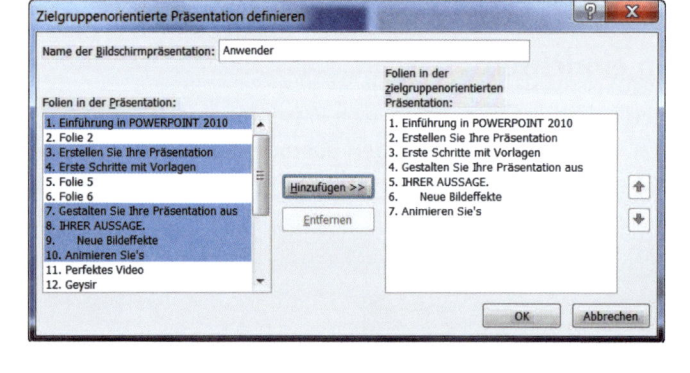

1 Hier können Sie Folien ausblenden, die Sie aktuell nicht zeigen wollen.

2 Mit dieser Funktion testen Sie die **Einblendzeiten**. Wichtig ist, dass Sie beim Überprüfen Ihr Lesetempo den Zuhörern anpassen.

3 Hier können Sie aus Ihrer Präsentation Folien auswählen, die nur für eine bestimmte Gruppe gültig sind.
Geben Sie der Zielgruppe einen Namen, fügen Sie die gewünschten Folien hinzu, ordnen Sie die Reihenfolge.

Wenn Sie nun alle Vorbereitungen zu einer guten Präsentation gewissenhaft erledigt haben, sollten Sie sich jetzt noch einige Tasten merken, die während der Präsentation sehr hilfreich sind:

F5	Präsentation starten
Shift+F5	Start ab aktueller Folie
B	schwarzer Bildschirm
W	weisser Bildschirm
PageDown	nächste Folie
PageUp	vorherige Folie
Esc	Präsentation beenden

Selbstverständlich können Sie auch mit Rechtsklick das Kontextmenü aufrufen. Allerdings sehen dann Ihre Zuschauer diese Aktivitäten.

Präsentationen vorführen

Öffnen Sie die Datei Aufgabe 33 «Einführung in PowerPoint 2010» und legen Sie Folienübergänge und kurze Einblendzeiten fest. Definieren Sie zwei zielgruppenorientierte Präsentationen wie folgt:

Anwender   Folien 1–6 und 16–18
Grafiker   Folien 1–2 und 7–20

Lassen Sie sich die beiden Präsentationen zeigen und testen Sie dabei die Tasten **B** und **W** im Einsatz aus.

Aufgabe 33

Selbstlaufende Präsentationen

An Messen oder in Schaufenstern kommt oft der sogenannte **Kioskmodus** zum Einsatz. Eine Präsentation läuft ununterbrochen weiter, bis die Taste **Esc** gedrückt wird. Bedingung ist hier, dass Sie alle Folien mit Einblendzeiten versehen haben. Eine selbstlaufende Präsentation können Sie mit der Taste **S** stoppen bzw. weiterlaufen lassen.

Selbstlaufende Präsentationen speichern Sie mit der Dateierweiterung **.ppsx** oder **.ppsm**.

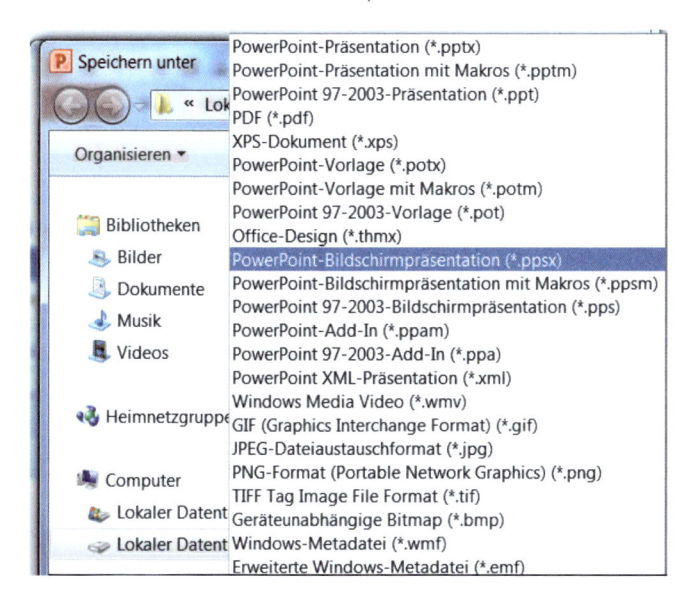

Öffnen Sie die Datei Aufgabe 34 «Grundsatzregeln» und legen Sie Folienübergänge und Einblendzeiten fest. Testen Sie die Einblendzeiten. Richten Sie die Bildschirmpräsentation so ein, dass sie als selbstlaufende Präsentation eingesetzt werden kann. Speichern Sie die Präsentation mit der Dateierweiterung **.ppsx** ab. Schliessen Sie PowerPoint und starten Sie die Präsentation aus dem Explorer.

Aufgabe 34

Präsentation

4.2 Präsentationen drucken

Obwohl Sie Ihre Präsentationen meistens am Bildschirm oder über einen Beamer dem Publikum zeigen, gibt es gute Gründe, sie auch auszudrucken. PowerPoint bietet viele Möglichkeiten an:

Folien	Sie wollen Ihre Präsentation zur Kontrolle einer Kollegin vorlegen.
Handzettel	Sie drucken mehrere Folien auf eine Seite. Ihre Zuhörer können sich darauf Notizen zum Vortrag machen.
Notizseiten	Im Notizenbereich haben Sie festgehalten, welche Informationen zur Folie zu übermitteln sind. Vielleicht benötigen Sie diese Ausdrucke, um Ihren Vortrag vorzubereiten, oder an der Präsentation selber.
Gliederungsansicht	Ihre Dokumentation oder Ihre Unterlagen ergänzen Sie mit einem solchen Ausdruck.

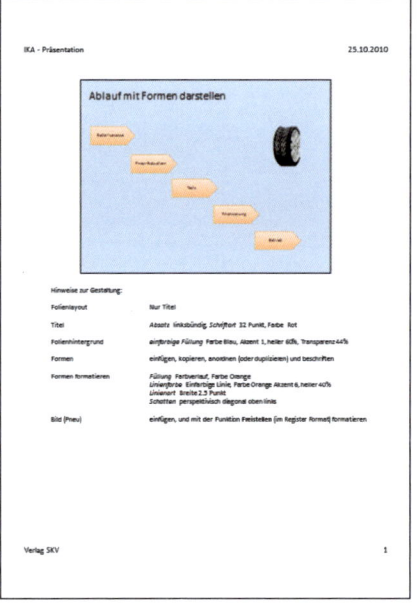

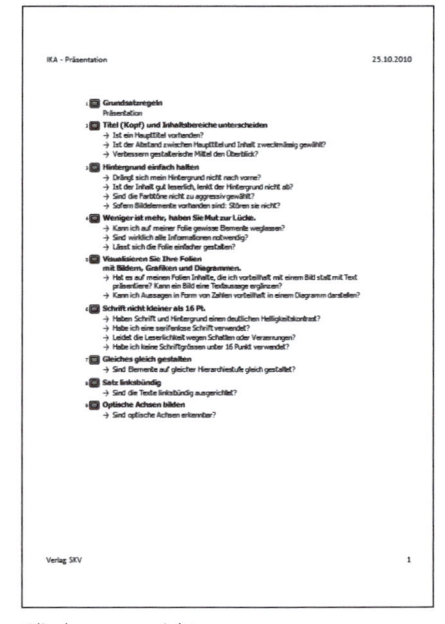

Handzettel – 3 Folien Notizseiten Gliederungsansicht

Register	**Einfügen**
Gruppe	**Text**
Befehl	**Kopf- und Fusszeile**

Bevor Sie Ihre Präsentation ausdrucken, sollten Sie unbedingt zusätzliche Informationen in den Kopf- und Fusszeilen anbringen. Sie können z. B. das Datum, Ihren Namen oder die Firma sowie die Seitenzahlen hinzufügen. Aktivieren Sie die gewünschten Kontrollkästchen.

Präsentationen drucken

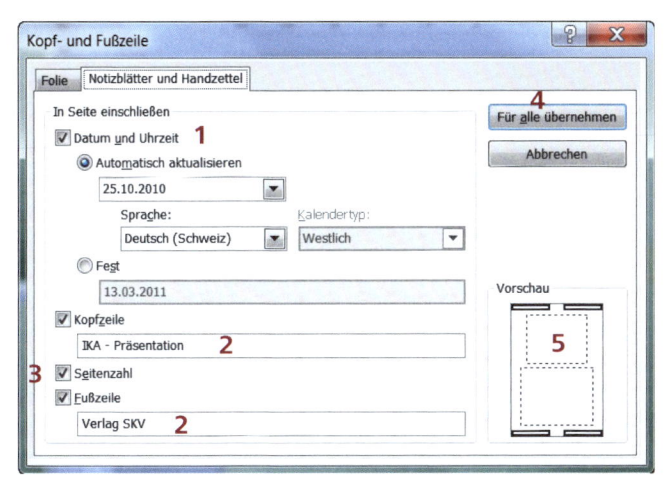

1. Wählen Sie zwischen einem festen Datum oder dem Tagesdatum. Wählen Sie im Listenfeld die passende Darstellung.
2. Geben Sie z. B. den Autor oder die Firma ein.
3. Seitenzahlen helfen bei mehrseitigen Ausdrucken immer.
4. Mit einem Klick auf diese Schaltfläche erscheinen die Informationen auf allen Seiten.
5. Auf dieser Minivorschau sehen Sie, wo die Elemente eingefügt werden.

Nun können Sie den **Druckvorgang starten.** Aktivieren Sie den Schnelldruck nur, wenn Sie sicher sind, dass die eingestellten Optionen Ihren Wünschen entsprechen.
Unter **Drucken Einstellungen** bestimmen Sie, was von Ihrer Präsentation wie und wie oft ausgedruckt wird.

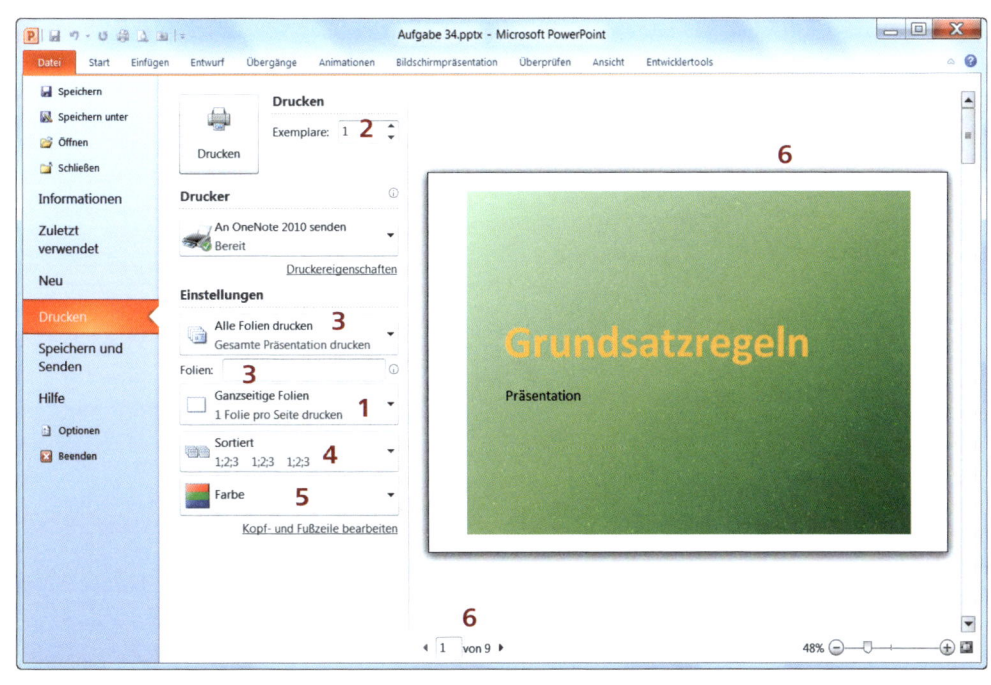

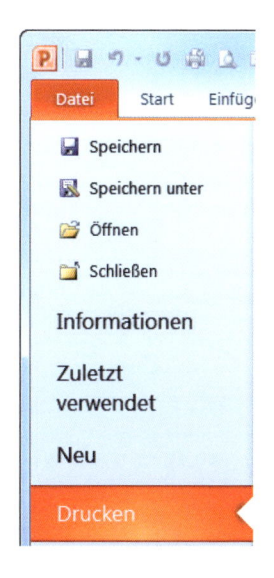

1. Wählen Sie hier zwischen Folien, Handzettel, Notizseiten oder Gliederung. Folienrahmen sind bei hellem Hintergrund sinnvoll.
2. Geben Sie die Anzahl Exemplare ein. Wählen Sie die gewünschte Ausgabeart.
3. Wählen Sie, was ausgedruckt werden soll. Achten Sie auf korrekte Eingabe.
4. Wählen Sie die gewünschte Sortierung.
5. Wählen Sie zwischen Farb- oder Schwarz-Weiss-Druck.
6. Kontrollieren Sie Ihre Eingaben vor dem Ausdruck in der Druckvorschau.

Präsentation

Aufgabe 35

Öffnen Sie die Datei Aufgabe 34 «Grundsatzregeln». Bereiten Sie die Präsentation zum Ausdruck vor:

▶ Verändern Sie die Kopf- und Fusszeilen für die Notizblätter und Handzettel.

▶ Setzen Sie Ihren Namen und Ihre Schule ein.

▶ Wählen Sie ein festes Datum.

▶ Wählen Sie unter **Drucken Einstellungen**
  - Handzettel, drei Folien pro Seite
  - ohne Folienrahmen
  - Ausdruck nur der Folien 1–6

▶ Kontrollieren Sie Ihre Arbeit in der Druckvorschau.

Drucken Sie diese Arbeit nur aus, wenn Ihre Lehrkraft es ausdrücklich verlangt.

Glossar
Stichwortverzeichnis

5

Präsentation

Animation	Für die Bewegung von Text und Objekten stehen 199 Animationseffekte zur Verfügung. Die vier Effektkategorien Eingang, Betont, Beenden und Animationspfade können beliebig kombiniert werden.
Animationspfade	Objekte bewegen sich entlang einer virtuellen Linie.
Anzeigedauer	Die Dauer, für die eine Folie auf dem Bildschirm oder ein Objekt auf der Folie angezeigt wird.
Bildschirmpräsentationsansicht	Die Präsentation wird am Bildschirm oder über den Beamer dem Publikum vorgeführt.
Designs	Können in den Programmen PowerPoint, Word und Excel gemeinsam gespeichert und abgerufen werden. Für PowerPoint kommen Folienhintergründe und Folienlayouts dazu. Richtig eingesetzt bewirken Designs ein einheitliches Erscheinungsbild (Corporate Identity «CI»).
Drehpunkt	Kleiner grüner Ziehpunkt zum Anpassen des Drehwinkels eines Objektes.
Farbschema	Ein Satz von zwölf komplementären Farben für verschiedene Elemente. Ein Farbschema besteht aus einer Hintergrundfarbe, einer Farbe für Linien und Text sowie weiteren Farben, die ausgewogen kombiniert sind.
Folienbereich	Die Folie wird in der Normalansicht so gezeigt, wie sie später in der Präsentation erscheint.
Folienlayout	Bestimmt die Aufteilung des Raumes auf der Folie für die Platzhalter.
Folienmaster	Ein Satz von Layoutmustern, der den Grundentwurf aller Folien einer Präsentation steuert – Design, Textplatzierung, Hintergrundgrafik usw.
Folienmasteransicht	In dieser Ansicht können Änderungen am Folienmaster vorgenommen werden.
Foliensortierungsansicht	Alle Folien einer Präsentation werden in Miniaturansicht dargestellt. Das erleichtert das Verschieben und hilft beim Festlegen von Folienübergängen.
Fotoalbum	Digitale Bilder können in einer Präsentation auf spezielle Art gezeigt werden.
Gruppierung aufheben	Gruppierte Objekte können auseinandergenommen werden und als einzelne Objekte bearbeitet werden.
Gruppierung wiederherstellen	Nach der Bearbeitung kann die aufgehobene Gruppierung rasch wiederhergestellt werden.
Handzettelmaster	Hier werden die Merkmale für die Handzettel festgelegt.
Hintergrund	Farben, Muster, Schattierungen und grafische Elemente werden hinter dem Text oder den Objekten auf einer Folie angezeigt.
Hyperlink	Verknüpfte Objekte, die auf Klicken hin z. B. eine andere Folie, ein anderes Dokument oder eine Webseite zeigen.
Leseansicht	Zeigt die Präsentation als Bildschirmpräsentation im aktuellen Fenster.
Livevorschau	Designs usw. werden angezeigt, wenn in den PowerPoint-Optionen die Livevorschau aktiviert ist.
Master	Enthält grafische Gestaltungselemente, die auf jeder Folie auftauchen.
Menüband	Befindet sich im oberen Bereich des PowerPoint-Fensters. Ermöglicht effizientes Arbeiten. Alle Befehle vorhanden.
Menüband Ansicht	Hier werden die verschiedenen Darstellungen der offenen Präsentation ausgewählt.
Microsoft Clip Organizer	Sammelt und verwaltet ClipArt-Grafiken, Bilder usw.

Normalansicht	Diese Ansicht zeigt drei Bereiche: Übersicht, Folie und Notizen.
Notizenfeld	In der Normalansicht können im unteren Teil Notizen zur Folie hinzugefügt oder geändert werden.
Notizenmaster	Bestimmt die Merkmale beim Ausdruck von Notizen.
Notizenmasteransicht	Hier können die Merkmale für den Ausdruck von Notizen verändert werden.
Notizenseitenansicht	In dieser Ansicht können Notizen hinzugefügt und bearbeitet werden.
Platzhalter	Bereich auf einer Folie, der reserviert ist für Eingaben.
Registerkarte Folien	Miniaturdarstellung der Folien im Übersichtsbereich.
Registerkarte Gliederung	Zeigt im Übersichtsbereich den Text der Folien.
Textfeld	Felder, welche auf der Folie gezeichnet werden und Text enthalten.
Titel	Text im Titelplatzhalter einer Folie.
Titelfolie	Erste Folie der Präsentation.
Trigger	Benutzerdefinierte Animation auf einer Folie. Sie erlaubt einen interaktiven Dialog mit den Zuhörern.
Übergang	Dieser Spezialeffekt legt fest, wie Folien verschwinden und erscheinen.
Übersichtsbereich	Dieser Bereich der Normalansicht enthält die Registerkarten Folien und Gliederung.
Verbindungspunkte	Helfen Verbindungslinien zu anderen Formen anzubringen. Ziehpunkte werden rot.
Vorlage	Ein Muster, welches zur Erstellung einer PowerPoint-Präsentation mit Folien, Handzetteln und Notizen dient.
x-Achse	Horizontale Ebene eines Diagrammes.
y-Achse	Vertikale Ebene eines Diagrammes.
z-Achse	Ebene, welche die Tiefe in einem Diagramm darstellt.
Ziehpunkte	Blaue kleine Ziehpunkte an der Seite einer Form.
Zielgruppenorientierte Präsentationen	Ausgewählte Folien einer Präsentation, welche für einen bestimmten Personenkreis ausgewählt werden.

A

Abläufe darstellen	49
Ablauforganisationen zeichnen	40
Ablaufpläne zeichnen	40
Aktion	28
Animation	71
Animation, benutzerdefiniert	71
Animationen im Folienmaster	74
Animation für Texte, Objekte	71
Animationseffekte	71
Animationsmöglichkeiten	71
Animationspfade	74
Animation von Texten und Objekten	73
Anpassungen von Bildern	59
Anpassungsziehpunkt	32

B

Bilder	52
Bildformate	53
Bildformatvorlagen	59
Bildgrösse	57
Bildschirmpräsentation einrichten	83
Bild zuschneiden	58

C

ClipArts	52

D

Dateiformat	9
Design auswählen	11
Diagramme animieren	76
Diagramme erstellen	47
Drehpunkt	32
Druckvorgang starten	87
Druckvorschau	87

E

Einblendzeiten	84
Einfügen eines Bildes	55
Einfügen (Registerkarte)	28
Einfügen von Hyperlinks	28
Einfügen von Tabellen	28, 44
Erscheinungsbild	12

F

Filme	28
Folien drucken	86
Folienlayout	17
Folienmaster	21
Folienübergänge	71
Form	32
Form ausrichten	34
Form formatieren	33
Form kopieren	34
Form verbinden	38
Form verschieben	34
Freihandform	40

G

Gestaltungsregeln	62
Gestaltungsverstösse	62
GIF	54
Gliederungsansicht drucken	86
Gruppieren von Formen	39

H

Handzettel	23
Handzettel drucken	86
Handzettelmaster	22
Hierarchien darstellen	49
Hierarchiestufe (Regel 6)	69
Hintergrundbild	60, 64
Hintergrundbilder (Regel 2)	63
Hintergrundstil	12
Hyperlinks einfügen	80

I

Illustration	28
Informationen darstellen	47
Interaktive Schaltfläche	82

J

JPEG	54

K

Katalog von Formen	32
Kioskmodus	85
Konvertieren in SmartArt-Form	66
Kopf- und Fusszeile	23, 28, 86
Kurve	38, 40

L

Layout	17
Leseansicht	6
Leserlichkeit (Regel 5)	68
Linie	38
Linksbündig (Regel 7)	69

M

Master	21
Masterfolie	18
Masterseite	18
Medien	28
Menüband	6
Menüband Einfügen	28
Microsoft-Vorlage	10
Mittelachsensatz (Zentrierung)	69
Mouseover	80

N

Nächste Folie (PageDown)	84
Notizblätter	23
Notizenmaster	23
Notizseiten drucken	86

O

Objekt	28
Objekte zeichnen	40
Office-Onlinevorlage	10
Optische Achsen (Regel 8)	70
Originalgrösse (zurücksetzen)	57

P

Pfeil	38
Platzhalter	6, 18, 21
PNG	54
PowerPoint-Bildschirm	6
Präsentation beenden (ESC)	84
Präsentation drucken	86
Präsentation erstellen	8
Präsentation starten (Taste F5)	84
Präsentation vorführen	82
Prozesse zeichnen	40

R

Raster (Gitternetzlinien)	35
Register	7
Reihenfolge	39
RGB-Farbmodus	53

S

Schematische Darstellungen zeichnen	40
Schwarzer Bildschirm (Taste B)	84
Selbstlaufende Präsentation	85
Skizze	40
SmartArt-Grafiken animieren	76
SmartArts darstellen	49
Standardtextfeld	30
Start ab aktueller Folie (Shift+F5)	84

T

Tabelle einfügen	44
Tabulatoren	45
Texte animieren	73
Textfeld	19, 28, 29
Text in Platzhalter	19
TIFF	54
Titelfolie	16
Titel – Inhaltsbereich (Regel 1)	62
Trigger	75

U

Übersichtlichkeit (Regel 3)	65

V

Visualisieren (Regel 4)	67
Vorherige Folie (PageUp)	84
Vortrag	83

W

Weisser Bildschirm (Taste W)	84
WMF	54

Z

Zahlen darstellen	47
Zeichnungslinien	35
Ziehpunkt	32
Zielgruppenorientierte Präsentation	84